José Micaelson Lacerda Morais

Aspectos econômicos do Antigo Testamento

Copyright © José Micaelson Lacerda Morais, 2023.

Diagramação e Capa: José Micaelson Lacerda Morais

Aspectos econômicos do Antigo Testamento. Edição revista e ampliada / José Micaelson Lacerda Morais. *Independently Published*, 2023.

ISBN: 9798375780207

1. Economia 2. Sociedade 3. Política 4. Religião 5. Antigo Testamento

Sumário

1. Introdução 7
2. Aspectos geográficos 19
3. Aspectos históricos 23
4. Aspectos sociais 31
5. Aspectos políticos 45
6. Aspectos econômicos 51
   6.1. Aspectos econômicos do Antigo Testamento e do capitalismo 66
      6.1.1. Diferenças 66
      6.1.2. Semelhanças 73
7. A crítica de Lukács 77
8. Notas finais 81

Glossário de Termos Econômicos no Antigo Testamento 91

"Deus viu as obras que fizeram em arrependimento, e mudou o seu propósito de fazer o mal que tinha anunciado contra eles."
Jonas 3:10

"17 Salomão contou todos os estrangeiros que havia na terra de Israel, segundo o recenseamento que seu pai Davi fizera; e acharam-se cento e cinquenta e três mil e seiscentos. 18 E deles separou setenta mil para servirem de carregadores, e oitenta mil para cortarem madeira na montanha, como também três mil e seiscentos inspetores para fazerem trabalhar o povo."
2 Crônicas 2: 17-18

1. Introdução

A Bíblia é uma coleção de textos sagrados que são centrais para o judaísmo e o cristianismo. Sua história é longa e complexa, refletindo séculos de desenvolvimento religioso, literário, filosófico e cultural. Ela está dividida em duas grandes seções: o Antigo Testamento e o Novo Testamento. Os primeiros escritos do Antigo Testamento começaram a ser registrados em forma escrita por volta do século XIII a.C., durante ou após o período do êxodo dos hebreus do Egito. Os textos iniciais foram escritos em hebraico e aramaico, e os primeiros livros provavelmente surgiram em épocas diferentes, ao longo de muitos séculos.

O Antigo Testamento é a primeira parte da Bíblia cristã e constitui também o conjunto das escrituras sagradas do judaísmo. Para o cristianismo, ele é fundamental porque fornece o pano de fundo histórico e teológico para o surgimento do Novo Testamento. Muitos dos conceitos cristãos, como o pecado, a salvação e o Messias, estão enraizados em suas narrativas e profecias. Para o judaísmo, o Antigo Testamento (Tanakh) é a base de toda a fé e prática religiosa, contendo a história, a lei e a poesia que moldaram a vida do povo judeu, cobrindo um período que vai desde a criação do mundo até aproximadamente o século V a.C. Há relatos de escritos começando por volta de 1400 ou 1200 a.C. até cerca de 400 ou 165 a.C.

O Novo Testamento é a segunda parte da Bíblia cristã e concentra-se na vida, ensinamentos, morte e ressurreição de Jesus Cristo, bem como nos primórdios do cristianismo. Escrito originalmente em grego, ele tem uma estrutura composta por 27 livros, organizados em quatro seções principais: Evangelhos, Atos dos Apóstolos, Epístolas (ou cartas), e Apocalipse. Estima-se que seus textos foram escritos entre aproximadamente 50 e 100 d.C. Eles circularam entre as primeiras comunidades cristãs, sendo usados em leituras litúrgicas e catequéticas. No final do século IV, o **Cânon do Novo Testamento** (conjunto de livros que os cristãos consideram como inspirados por Deus e que fazem parte do Novo Testamento da Bíblia cristã), foi oficialmente reconhecido por concílios da Igreja, como o **Concílio de Cartago** (397 d.C.), que reconheceu oficialmente todos os vinte e sete livros, e só estes, como canônicos. Enfim, o Novo Testamento é fundamental para o cristianismo, pois revela os ensinamentos de Jesus e o nascimento da Igreja, formando a base da teologia cristã e da prática religiosa, e sua influência se estende por toda a história da civilização ocidental.

Os textos que deram origem à Bíblia como a conhecemos hoje surgiram de várias regiões do antigo

Oriente Próximo e do Mediterrâneo. Estas regiões incluem áreas que hoje são parte de Israel, Palestina, Jordânia, Egito, Síria, Líbano, Turquia e Grécia. Atribui-se a Israel e Palestina a composição de grande parte do Antigo Testamento e do Novo Testamento. A Mesopotâmia (Babilônia), por sua vez, teve influência significativa durante o Exílio Babilônico. Ao Egito (Alexandria) atribui-se a produção da Septuaginta (tradução grega do Antigo Testamento realizada no século III a.C.). O conjunto de regiões representadas pela Síria, Ásia Menor, Grécia e Itália, representam locais de composição das epístolas paulinas e disseminação dos textos do Novo Testamento. Os textos bíblicos são, portanto, fruto de um rico contexto geográfico, cultural e histórico que se estende por diversas regiões do antigo Oriente Próximo e do Mediterrâneo.

Por conseguinte, o Antigo Testamento é uma coleção de livros sagrados da religião judaica e é considerado sagrado pelos cristãos também. Aborda temas como a criação, a queda da humanidade, a aliança de Deus com Abraão, o êxodo do Egito, a entrega da Lei, a história dos reis de Israel e Judá, o exílio na Babilônia e as promessas de restauração e um futuro messiânico. É, ainda, amplamente considerado como uma fonte importante de conhecimento histórico, cultural e filosófico. Essa coleção é composta por diferentes números de livros, dependendo da tradição religiosa. Na tradição protestante tem 39 livros. Na tradição católica, inclui 46 livros, contando com os livros deuterocanônicos, que são aceitos pelos católicos, mas não pelos protestantes. Já, na tradição ortodoxa oriental, o número de livros pode variar, pois essa tradição inclui alguns textos adicionais além dos deuterocanônicos. Essas variações ocorrem devido à inclusão ou exclusão de alguns livros que, em algumas tradições, são considerados canônicos (parte do Antigo Testamento) e em outras, não.

A estrutura do Antigo Testamento organiza-se em diferentes seções, que variam ligeiramente conforme a tradição religiosa (judaica, protestante, católica ou ortodoxa). Essas divisões agrupam os livros por gênero literário e temática, oferecendo uma visão ampla da história, leis, profecias e poesias que compõem os textos sagrados. O Pentateuco (ou Torá) é constituído pelos seguintes livros: Gênesis, Êxodo, Levítico, Números, Deuteronômio. Estes são tradicionalmente atribuídos a Moisés e representam a base de toda a estrutura teológica e legal de Israel, estabelecendo a relação especial entre Deus e seu povo, as leis que devem ser seguidas, e as narrativas fundamentais que explicam as origens do mundo e do povo de Israel. A aliança de Deus com Abraão e Moisés é um tema central.

Os Livros Históricos, tais como Josué, Juízes, Rute, 1 e 2 Samuel, 1 e 2 Reis, 1 e 2 Crônicas, Esdras, Neemias, e Ester, relatam a entrada do povo de Israel na Terra Prometida e seu desenvolvimento como nação, até o exílio babilônico e o retorno para Jerusalém. De forma geral, esses livros formam o pano de fundo histórico da trajetória do povo de Israel, mostrando a interação entre a fidelidade a Deus e o destino da nação. Eles destacam a importância da obediência às leis divinas e as consequências de sua violação, além de proporcionar um contexto histórico e social para as profecias e poesias bíblicas. O Livro de Josué, o sexto livro do Antigo Testamento, por exemplo, narra os eventos que se seguiram imediatamente após a morte de Moisés, enfocando a liderança de Josué, sucessor de Moisés, e a conquista da Terra Prometida pelos israelitas. Por sua vez, o Livro de Juízes descreve o período entre a morte de Josué e o estabelecimento da monarquia em Israel, quando a liderança do povo de Israel era exercida por uma série de líderes conhecidos como juízes. Esse período foi marcado por uma constante alternância entre tempos de fidelidade a Deus e tempos de rebeldia, o que resultava em opressões de inimigos e subsequentes libertações por parte dos juízes.

Os Livros Poéticos e Sapienciais incluem literatura poética, reflexiva e filosófica, que trata de temas universais como a sabedoria, o sofrimento, o louvor a Deus e o amor. Essas obras trazem uma perspectiva profundamente humana, conectada à busca por sabedoria e ao entendimento da vida, abordando questões existenciais e morais que continuam a ressoar até hoje. O Livro de Jó, *exempli gratia*, descreve um diálogo poético que explora o problema do sofrimento e da justiça de Deus. Por sua vez, os Salmos constituem uma coleção de 150 cânticos, orações e hinos usados no culto a Deus. Os

Provérbios representam máximas e conselhos de sabedoria prática sobre o comportamento humano. O livro de Eclesiastes é repleto de reflexões filosóficas sobre a futilidade das ambições humanas e a busca por sentido na vida. Por último, o Cântico dos Cânticos (Cantares de Salomão), único na Bíblia por ser inteiramente dedicado ao tema do amor e do romance, é um poema que celebra o amor romântico e a união entre homem e mulher, sendo interpretado por alguns como uma alegoria da relação entre Deus e o seu povo.

Os Livros Proféticos contêm as mensagens dos profetas, homens escolhidos por Deus para transmitir sua palavra ao povo de Israel, alertando sobre o julgamento divino por causa do pecado, mas também oferecendo esperança de redenção futura. Está dividido em Profetas Maiores, como Isaías, Jeremias, Lamentações, Ezequiel, Daniel, chamados assim por causa da extensão de seus escritos. E, Profetas Menores, representados por Oseias, Joel, Amós, Obadias, Jonas, Miqueias, Naum, Habacuque, Sofonias, Ageu, Zacarias, Malaquias, chamados assim pela brevidade de seus livros. Cada profeta aborda situações específicas da história de Israel e Judá, muitas vezes denunciando a injustiça social, a idolatria e outros pecados, mas também anunciando esperança.

Os livros do Antigo Testamento foram escritos por vários autores, incluindo reis, sacerdotes, profetas e poetas. Por exemplo, o Pentateuco, atribuído a Moisés, é considerado como tendo sido escrito por volta do século

XV a.C. Os Livros Históricos foram escritos entre os séculos XI e V a.C. Os Livros Poéticos e Sapienciais entre os séculos X e III a.C. Os Livros dos Profetas Maiores entre os séculos VIII e VI a.C., e dos Profetas Menores, entre os séculos VIII e V a.C. Cabe lembrar que a datação exata dos livros do Antigo Testamento são objeto de amplo debate entre estudiosos do assunto, e as datas acima são apenas estimativas gerais.

Outro ponto a ser destacado do Antigo Testamento são as diversas controvérsias que o envolvem, incluindo questões sobre sua origem, autenticidade e interpretação. Existe um amplo debate sobre a autoria e a datação exata dos livros, bem como se os eventos descritos são históricos ou meramente mitológicos. Alguns estudiosos argumentam que a maioria de seus livros foram escritos por escribas e profetas no período entre o século IX a.C. e o século V a.C. Outros argumentam que muitos livros foram escritos muito tempo depois dos eventos descritos e que sua história é altamente fictícia. Da mesma forma, há controvérsias sobre a interpretação de certos livros, especialmente aqueles que contêm profecias e simbolismos. Por exemplo, o livro de Gênesis é frequentemente objeto de controvérsia devido à sua descrição da criação e da evolução.

Destarte, alguns livros do Antigo Testamento também descrevem leis e práticas religiosas controversas, como a escravidão, o sacrifício animal, a pena de morte e a poligamia, que são também objeto de debate até hoje.

Tais controvérsias são frequentemente motivo de debate entre os estudiosos do assunto e a opinião pública e são influenciadas por diferentes interpretações religiosas, políticas e culturais.

Outras questões controversas incluem conjuntamente relações entre povos, cristologia e os textos apócrifos. A primeira envolve os movimentos de conquista e colonização entre Israel e seus vizinhos; que ainda tem implicações significativas para questões atuais, como a relação entre Israel e Palestina. A segunda questão trata da forma como o Antigo Testamento é usado para apoiar ou refutar diferentes interpretações do papel de Jesus Cristo na história da salvação. Por exemplo, alguns estudiosos argumentam que as escrituras proféticas no Antigo Testamento apontam para a vinda de Jesus como o Messias, enquanto outros argumentam que essas profecias são mal interpretadas ou não se aplicam a Jesus.

A última controvérsia que relatamos aqui trata dos textos considerados apócrifos. Também conhecidos como livros deuterocanônicos (em algumas tradições), são escritos religiosos que não foram incluídos no cânon oficial da Bíblia Hebraica, mas que possuem relevância histórica, teológica e cultural. Esses textos surgiram em várias épocas, durante e após o período em que os livros canônicos do Antigo Testamento foram compostos. A aceitação desses livros varia entre diferentes tradições religiosas, como o judaísmo, o cristianismo católico, protestante e ortodoxo.

A título de ilustração, a palavra "apócrifo" é utilizada pelos escritores eclesiásticos em três sentidos. Para determinar assuntos secretos ou misteriosos de origem ignorada, origem falsa ou espúria e, ainda, no sentido de documentos não canônicos. De qualquer forma, esses textos foram considerados significativos para o desenvolvimento da literatura judaica e cristã e contêm histórias, ensinamentos e tradições que foram valorizados por muitas comunidades cristãs antigas.

Em síntese, o Antigo Testamento desempenhou importância significativa em vários aspectos, da sociedade, da política, da economia da filosofia, da cultura e da religião. No aspecto social, por exemplo, moldou a identidade judaica e influenciou a cultura cristã, incluindo valores e práticas religiosas, familiares e sociais. Já, no que se relaciona ao aspecto político, ele é considerado a base da lei judaica e uma referência importante na história política da região, incluindo a questão das relações entre nações e reinos. Do ponto de vista econômico, ele inclui leis sobre questões econômicas, como a propriedade, contratos e justiça, que moldaram o conjunto das práticas econômicas da época. No campo da filosofia, também revela uma rica contribuição sobre questões relacionadas à ética e à moral humanas, incluindo o papel da fé e da retidão, o significado da vida humana e a natureza da justiça divina e social.

Em geral, o Antigo Testamento é considerado uma obra fundamental na história da literatura, da religião e da filosofia, e continua sendo uma fonte de inspiração e estudo para muitas pessoas ao redor do mundo. Todavia, não se pode deixar de mencionar as críticas à história da Bíblia, que revelam a complexidade de um texto que é tanto um documento religioso quanto uma obra literária e histórica. Enquanto muitos veem a Bíblia como uma fonte de verdade espiritual e moral, outros apontam para as suas inconsistências e problemas relacionados a sua natureza, ao mesmo tempo, humana e histórica. Nesse sentido, ao longo da história, a Bíblia inclusive foi usada para justificar várias ações e ideologias, desde a escravidão antiga, a subjugação de povos, Cruzadas, caça às bruxas, escravidão moderna, colonização capitalista etc. A interpretação seletiva de textos bíblicos tem sido utilizada para apoiar agendas políticas e sociais particulares de determinados grupos que atuam em interesse próprio e contra a coletividade. Por outro lado,

Por último, interessa observar o surgimento de uma nova forma de conhecimento do mundo e dos fenômenos naturais e sociais nos séculos VII e V a.C.: a filosofia. Na Grécia Antiga, os filósofos pré-socráticos passaram a negar o sistema de explicações da criação do universo a partir da atuação dos deuses (cosmogonia), dando início a cosmologia, definida como um sistema de explicações lógicas e racionais acerca do surgimento do universo. Divididos em diferentes escolas, utilizaram a natureza como fonte para entender a origem das coisas (do ser e do mundo). É nesse período que tem início a transição da consciência mítica para a consciência filosófica. Assim, ao invés de atribuir eventos naturais a forças divinas ou sobrenaturais, como era comum no pensamento mítico e religioso, os pré-socráticos propuseram explicações baseadas em elementos naturais e princípios físicos. Por exemplo, Tales de Mileto sugeriu que a água era o princípio fundamental de todas as coisas, uma ideia que buscava explicar a diversidade de formas através de uma substância comum. Outro famoso filósofo pré-socrático, Heráclito de Éfeso, ficou mundialmente conhecido pelo conceito de *"panta rhei"* (tudo flui), enfatizando o fluxo constante e a mudança como características fundamentais do universo. Popularmente, ficou conhecido pela metáfora de que não se pode banhar duas vezes no mesmo rio, pois tanto o rio quanto nós mesmos estamos sempre mudando. Essa ideia enfatiza a impermanência e a natureza fugaz da realidade, contrastando com a visão estática e permanente encontrada no pensamento mítico de sua época.

O legado dos pré-socráticos foi fundamental para o desenvolvimento da filosofia e da ciência ocidentais. Eles estabeleceram as bases para uma tradição de pensamento crítico, argumentativo e lógico que continuaria a evoluir com filósofos posteriores, como Platão e Aristóteles. Suas questões e métodos de investigação influenciaram profundamente o surgimento da metafísica, ética e epistemologia, na filosofia clássica e além.

2. Aspectos geográficos

O Antigo Testamento está fortemente ligado à geografia de uma região do Oriente Médio, a Palestina, que correspondia à Judéia e à Canaã no mundo antigo, onde os eventos descritos no livro ocorreram. Atualmente refere-se a área geográfica que cobre o Estado de Israel, a Cisjordânia e a Faixa de Gaza. A localização de Israel entre grandes potências como Egito, Assíria e Babilônia, fez com que essa terra fosse frequentemente alvo de conflitos e invasões.

A geografia da região da Palestina é vista como tendo sido crucial para a história descrita no Antigo Testamento, e as descrições das paisagens, cidades, rios, e mares são consideradas como tendo sido fundamentais para o desenvolvimento da vida e da cultura do povo de Israel na época. Eles fornecem um contexto físico que nos ajuda a situar os relatos bíblicos em lugares reais e reconhecíveis. Dessa maneira, oferece uma descrição detalhada e aprofundada da geografia da região da Palestina e da região circundante. Jerusalém é mencionada como sendo a cidade sagrada do povo de Israel, e é descrita como tendo sido a capital política e religiosa do reino de Judá. O Templo de Jerusalém, que foi construído pelo Rei Salomão é descrito como tendo sido o centro da adoração a Deus no Antigo Testamento. Jerusalém também é descrita como tendo sido cercada por murais, e como tendo sido fortificada para proteger de invasores.

O Mar Morto é mencionado como sendo uma região importante e é descrito como tendo propriedades medicinais únicas. Sendo descrito ainda como tendo sido um lugar de peregrinação para o povo de Israel, e lugar importante para a comunidade médica da época. Por sua vez, o Rio Jordão é mencionado como tendo sido um importante corredor comercial e um lugar sagrado para o povo de Israel. Ele é descrito ainda como tendo sido cruzado por Moisés e pelo povo de Israel durante sua viagem para a Terra de Canaã, bem como representou um importante local de batalha durante as conquistas do povo de Israel.

O Antigo Testamento também descreve viagens para outras partes da região, incluindo Egito, Assíria e Babilônia. As rotas comerciais que passavam por Canaã conectavam Egito, Mesopotâmia e outras civilizações antigas, tornando a região um ponto de encontro cultural e econômico. Essas viagens são descritas como tendo sido importantes para a história política e religiosa do povo de Israel, e constituem uma visão da geografia e da cultura da região na época. O Egito, por exemplo, é descrito como uma potência mundial importante (política e militar), e a Assíria e a Babilônia são descritas como potências regionais também importantes.

Portanto, as descrições geográficas no Antigo Testamento são importantes porque nos ajudam a compreender a importância política, econômica e militar de certas regiões na época. Por exemplo, a descrição da Terra Prometida como fértil e rica em água e cidades indica sua importância econômica, enquanto a descrição da Babilônia como uma potência política e militar indica sua grandiosidade nestas referidas áreas. Em outra perspectiva também ajudam a ilustrar as relações entre as diferentes regiões e os conflitos políticos e militares que ocorreram na época, como já referido anteriormente. Por exemplo, a descrição da conquista da Terra Prometida pelo povo de Israel ilustra a relação entre os israelitas e as outras nações na região, já a descrição do exílio babilônico ilustra a relação entre a Babilônia e o povo de Israel.

Em resumo, as descrições geográficas no Antigo Testamento são importantes porque nos ajudam a compreender a história, a cultura, a religião e as relações políticas da época, bem como a importância econômica, política e militar da região. Assim como também contribuem para ilustrar as relações entre as diferentes regiões e os conflitos que ocorreram na época. Ademais, as descrições geográficas também fornecem uma compreensão da importância desses lugares para o povo de Israel e para a religião judaica, e o porquê desses lugares serem considerados sagrados e importantes até hoje.

3. Aspectos históricos

Como anteriormente descrito, o Antigo Testamento é uma coleção de livros escritos em hebraico e aramaico, que é considerada sagrada pelos judeus e cristãos. Ele contém muitos aspectos históricos importantes, incluindo a criação do mundo, a história da humanidade (especificamente a história do povo de Israel e da religião judaica). Assim, seus aspectos históricos são fundamentais para entender o contexto dos eventos bíblicos e como estes ocorreram. O Antigo Testamento abrange um período extenso, que vai desde os tempos pré-históricos até o período pós-exílico, marcado por interações entre várias civilizações antigas, tais como: egípcia; mesopotâmica (Assíria e Babilônia); fenícia; persa; e grega.

Assim sendo, a cronologia do Antigo Testamento abrange desde a criação do mundo, descrita no livro de Gênesis, até o retorno dos judeus da Babilônia, registrado no livro de Esdras e Neemias. Alguns dos eventos importantes podem ser apresentados na seguinte sequência: 1) Criação do mundo (Gênesis 1-2); 2) Adão e Eva (Gênesis 3); 3) Dilúvio (Gênesis 6-9); 4) Torre de

Babel (Gênesis 11); 5) Abraham, Isaac e Jacó (Gênesis 12-50); 6) Êxodo dos Israelitas da escravidão no Egito (Êxodo 1-15); 7) Recebimento da Torá no Monte Sinai (Êxodo 19-24); 8) Conquista da Terra Prometida (Números 13-36 e Josué 1-12); 9) Período dos Juízes (Josué 13-Rute); 10) Rei Saul (1 Samuel 9-31); 11) Rei Davi (2 Samuel 1-1 Crônicas 29); 12) Rei Salomão (1 Crônicas 29-2 Crônicas 9); 13) Divisão do Reino em Israel e Judá (1 Reis 12 e 2 Crônicas 10); 14) Exílio dos Judeus na Babilônia (2 Crônicas 36 e Esdras 1-6); 15) Retorno dos Judeus da Babilônia (Esdras 7-10 e Neemias). Ressalta-se que esta é uma cronologia resumida e os eventos podem ser datados de maneira diferente por fontes diferentes. É importante destacar também que a interpretação desses eventos históricos pode ser influenciada por diferentes tradições e perspectivas teológicas.

    O livro de Gênesis descreve a criação do mundo em seis dias, com o sétimo dia sendo de descanso para Deus. Isso é geralmente considerado como o início da cronologia bíblica. Adão e Eva são descritos como os primeiros seres humanos criados por Deus, e viviam no Jardim do Éden. Eles comeram da árvore do conhecimento do bem e do mal, o que os levou a ser expulsos do jardim. O dilúvio é descrito no livro de Gênesis como uma grande inundação que cobriu toda a terra, matando todos os seres vivos, exceto Noé, sua família e as espécies de animais que ele levou consigo na arca. O livro de Gênesis descreve a construção da Torre de Babel por pessoas que queriam chegar ao céu. Como resultado, Deus confundiu as línguas dos construtores, impedindo que eles continuassem com o projeto e espalhando-os por toda a terra. Abraham, Isaac e Jacó são considerados os patriarcas do povo de Israel. Deus fez uma aliança com Abraham, prometendo que sua descendência seria numerosa e que ele seria o pai de muitas nações. Jacó, também conhecido como Israel, foi pai de doze filhos que deram origem às doze tribos de Israel.

Os Israelitas eram escravos no Egito e foram libertados por Moisés, liderados por Deus, através de vários milagres, incluindo a passagem pelo Mar Vermelho. Eles receberam a Torá no Monte Sinai e depois viajaram pelo deserto até chegar à Terra Prometida. Saul foi o primeiro rei de Israel, mas perdeu a graça de Deus por desobedecer a sua vontade. Davi, um jovem pastor, foi escolhido por Deus para ser o novo rei e estabeleceu a capital em Jerusalém. O Rei Davi é conhecido como um guerreiro valente e foi responsável por expandir os limites de Israel. Ele também é conhecido por ter escrito muitos salmos. Salomão, filho de Davi, é conhecido como um rei sábio e rico. Ele construiu o Templo em Jerusalém e é creditado por ter escrito provérbios, cânticos e o livro de Eclesiastes.

Após a morte de Salomão, o reino de Israel se dividiu em duas partes, Israel ao norte e Judá ao sul. Essa divisão foi o resultado de conflitos políticos e religiosos entre as duas partes. Após anos de descaso religioso e político, os reis de Judá foram levados para a Babilônia como escravos, e a maior parte da população foi exilada. Eles ficaram lá por 70 anos, até que foram libertados pelo rei persa Ciro.

O exílio babilônico foi uma das crises mais profundas na história do povo de Israel. A destruição de Jerusalém em 586 a.C. e o consequente cativeiro na Babilônia não foram apenas desastres militares, mas também traumas psicológicos, culturais e espirituais. A perda do Templo, que representava o centro religioso, cultural e econômico de Israel, abalou a estrutura social do povo. Essa desintegração da sociedade israelita pode ser vista em quatro níveis: espiritual; social, político e econômico. O livro de Ezequiel é fundamental para entendermos esse período. Ele surge como um profeta que testemunha uma das maiores catástrofes da história de Israel e, ao mesmo tempo, oferece uma visão de transformação. Sua missão não é apenas anunciar o julgamento, mas também apresentar a esperança de uma restauração completa – tanto no nível espiritual quanto no social. Ezequiel não viveu para ver o retorno de Israel à sua terra natal, mas sua mensagem de esperança e restauração deixou uma marca indelével na tradição judaica e cristã. Ele é o profeta que, em meio ao exílio e à desolação, revelou que Deus não estava limitado a um templo ou a um território, mas que Sua glória poderia ir ao encontro de Seu povo onde quer que estivessem.

O livro de Esdras descreve o retorno dos Judeus da Babilônia para Jerusalém e a reconstrução do Templo e da cidade. Por seu turno, o livro de Neemias, um líder judeu, descreve seu trabalho na reconstrução dos muros de Jerusalém e na restauração da religião judaica.

O Antigo Testamento foi uma grande fonte de influência na literatura e na cultura ao longo da história. Muitas histórias, personagens, e ideias presentes nele foram incorporadas em obras literárias, religiosas e culturais ao longo dos séculos. Alguns exemplos incluem a própria Bíblia, a literatura medieval, o Renascimento e a tradição judaica. Ele também tem sido objeto de debate teológico há séculos. Questões como a natureza de Deus, o papel do homem, e a relação entre o Antigo e o Novo Testamento continuam a ser debatidos e discutidos até hoje. Além de sua importância religiosa, o Antigo Testamento também representa uma fonte valiosa de informações sobre a história da região do Oriente Médio. Muitos eventos históricos descritos no Antigo Testamento foram confirmados por outras fontes, incluindo fontes arqueológicas e históricas seculares. Por exemplo, foram encontradas evidências arqueológicas que corroboram algumas narrativas bíblicas, tais como: a existência do reino de David e Salomão (uma estrutura monolítica basalto descoberta em um sítio arqueológico durante escavações ao norte de Israel em Tel Dã, menciona a "Casa de David", fornecendo uma das poucas referências extrabíblicas a Davi como um personagem histórico); e o túnel de Ezequias ou túnel de Siloé, mencionado em Reis 2 (20:20) e Crônicas 2 (32:30), que ainda existe em Jerusalém.

Destarte, enquanto algumas descobertas fornecem suporte para certas narrativas bíblicas, outras levantam questões sobre a precisão e a historicidade de outros relatos. Assim, também existem áreas de controvérsia ou evidências ainda escassas sobre certos aspectos das narrativas bíblicas. Por exemplo, em relação ao Êxodo do Egito, não há evidências arqueológicas diretas que confirmem a narrativa como descrita na Bíblia. Também não foram encontrados registros egípcios contemporâneos que mencionem a saída de um grande número de escravos hebreus. Inclusive existem amplos debates sobre as rotas e locais mencionados na narrativa do Êxodo, com vários locais propostos para o Monte Sinai, a travessia do Mar Vermelho e outras paradas no deserto.

De qualquer forma, o Antigo Testamento ainda é considerado como uma das principais fontes da formação da civilização ocidental. As histórias, crenças, valores e conceitos neles contidos foram transmitidos ao longo da história e influenciaram profundamente a cultura e a sociedade ocidental. Também representa uma das fontes mais importantes para o cristianismo, o judaísmo e o islamismo, três das maiores religiões monoteístas do mundo. As histórias, ensinamentos e profetas descritos nele são fundamentais para a compreensão dessas religiões e têm uma influência profunda nas vidas e nas crenças de seus seguidores. Em suma, embora tenha sido escrito há milhares de anos continua relevante para a sociedade e a cultura das sociedades modernas. As interpretações contemporâneas do Antigo Testamento têm focado em questões como igualdade, justiça social, a paz e responsabilidade humana, contribuindo para renovar a agenda dos debates políticos e sociais do presente.

No campo das artes, muitas obras de arte, incluindo pinturas, esculturas, cinema e teatro, são baseadas nas histórias, personagens e temas presentes no mesmo. Muitas obras literárias, incluindo poesia, romance e ficção, têm sido influenciadas pelos ensinamentos e histórias nele descritos. Dessa forma, ele constitui ademais um livro de importância fundamental para o estudo da literatura, pois inclui muitos gêneros literários diferentes, como poesia, prosa, história, profecia e sabedoria. Gêneros literários fundamentais para os estudiosos da literatura, pois os ajudam a compreender como a literatura evoluiu ao longo do tempo, bem como as diferentes formas que as pessoas usaram para contar histórias e transmitir mensagens.

O Antigo Testamento também fornece uma fonte importante para o estudo da antiguidade e da história da religião. Ele fornece uma visão única das crenças, valores e práticas religiosas do passado e pode nos ajudar a compreender a evolução das religiões ao longo do tempo, outrossim, pode ser usado para estudar a história política, social e cultural da época em que foi escrito. Nesse aspecto constitui uma fonte importante para o estudo da arqueologia, pois inclui muitas descrições de cidades, regiões e países que existiam na época em que seus livros foram escritos. Essas descrições são valiosas para os arqueólogos que estudam a região, pois podem ajudar a entender as práticas culturais, sociais e econômicas da época. Pode ser usado ainda para localizar e identificar os lugares descritos nos textos, o que é importante para a compreensão da história e da geografia da região, como anteriormente citado.

Pode-se dizer, portanto, que o Antigo Testamento constitui uma importante referência para a cultura e a história, pois fornece uma compreensão profunda da vida, crenças e valores das sociedades antigas daquela região. Outrossim, representa uma fonte importante para entender a evolução da religião, da moral e da cultura, pois inclui muitos relatos históricos e proféticos que são valiosos para a compreensão da época em que foram escritos. Enfim, ele tem sido interpretado e reinterpretado de muitas maneiras diferentes e com distintos interesses ao longo da história.

4. Aspectos sociais

O Antigo Testamento, inclusive conhecido como a Bíblia Hebraica, abrange uma ampla gama de aspectos sociais que retratam a sociedade da época e que influenciaram profundamente a cultura e a sociedade dos antigos povos hebreus. Como tem sido explorado ao longo deste livro, esses aspectos nos auxiliam a entender as normas culturais, as práticas religiosas e as relações econômicas e políticas da época, oferecendo-nos uma visão detalhada das vidas, estruturas e interações das pessoas e sociedades descritas nos textos bíblicos.

Posto isto, a sociedade israelita era organizada em doze tribos, cada uma descendente dos doze filhos de Jacó. Cada tribo tinha sua própria herança territorial. Dentro das tribos, havia subdivisões em clãs e famílias, que formavam a unidade básica da sociedade. A religião era central na vida social, com os sacerdotes desempenhando um papel importante na liderança. A religião era praticada em templos e santuários e influenciava as leis, costumes e crenças da sociedade. A religião israelita era centrada na adoração a Yahweh (Jeová), o Deus único e verdadeiro. A fidelidade a

Yahweh era considerada crucial para a identidade nacional e espiritual.

A família, nesse contexto, desempenhava um papel central na sociedade hebraica. As famílias eram geralmente compostas por um pai, uma mãe e seus filhos. A poligamia era permitida e prática comum, especialmente entre os líderes e figuras importantes, como os patriarcas Abraão, Jacó e o rei Salomão. Por seu turno, as mulheres eram frequentemente vistas como propriedade dos homens e desempenhavam papéis específicos, principalmente domésticos e de criação dos filhos.

Ao longo dos séculos, o papel das mulheres na sociedade judaica e cristã tem sido interpretado de várias maneiras, com algumas tradições enfatizando a inferioridade e a submissão das mulheres. No entanto, havia exceções, como as heroínas bíblicas Raabe e Esther, que foram reconhecidas por sua coragem e inteligência. Independentemente da perspectiva, é importante lembrar que o papel das mulheres na sociedade hebraica também reflete as condições sociais e políticas da época e não deve ser visto como uma justificativa para a desigualdade de gênero na sociedade contemporânea, dado o avanço dos direitos sociais e de igualdade de gênero e raça, ocorridos na modernidade.

O pai era visto como o chefe da família e tinha autoridade absoluta sobre seus filhos e sua esposa. Ele era responsável por sustentar a família e protegê-la. O Antigo Testamento também inclui regulamentos para a proteção dos direitos da esposa e dos filhos, incluindo leis que garantem que as mulheres e os filhos não sejam vendidos como escravos, juntamente com leis que protegem os filhos de serem mortos por seus pais. Outrossim, a família era vista como uma unidade sagrada e divina. A criação de uma família era vista como um ato sagrado e a bênção dos filhos era vista como uma bênção divina. As tradições familiares eram transmitidas de geração em geração, incluindo a tradição religiosa e a herança cultural.

Em resumo, a família desempenhava um papel central na sociedade hebraica do Antigo Testamento, e as relações familiares eram regulamentadas por leis e tradições sagradas. Ao longo dos séculos, o papel da família na sociedade judaica e cristã tem sido interpretado de várias maneiras, mas a importância da família como unidade sagrada e divina continua a ser enfatizada. O Antigo Testamento também retrata a relação entre pais e filhos, destaca a importância da educação dos filhos e da obediência aos pais, incluindo questões como a rebelião dos filhos contra os pais e a obrigação dos filhos em honrar seus pais.

Por seu turno, a escravidão era uma realidade comum na sociedade antiga e era vista como uma forma de adquirir mão de obra barata. No entanto, a escravidão no Antigo Testamento difere das formas posteriores de escravidão, como o trabalho forçado ou a escravidão racial, em que as pessoas eram escravizadas como propriedade. Na sociedade hebraica, os escravos eram vistos como seres humanos com direitos e deveres e as leis incluíam regulamentos para protegê-los de abusos. Embora a escravidão fosse permitida na sociedade hebraica, o livro de Deuteronômio inclui regulamentos que visam proteger os escravos de abusos e garantir-lhes um tratamento justo. Por exemplo, a lei dizia que os escravos deviam ser libertados após sete anos de serviço, mas que também podiam optar por continuar como escravos por mais tempo. Além disso, as leis proibiam a venda de mulheres e crianças como escravas e exigiam que os escravos fossem tratados com justiça e humanidade.

A escravidão no Antigo Testamento é uma questão complexa e controvertida, que tem sido interpretada de várias maneiras ao longo da história. Alguns argumentam que as leis do Antigo Testamento sobre a escravidão eram um passo adiante em comparação com as formas de escravidão existentes na época, enquanto outros argumentam que a escravidão em si é incompatível com os valores cristãos e humanos. Independentemente da perspectiva, é importante lembrar que a escravidão daquela época histórica reflete as condições sociais e políticas de então e não deve ser vista como uma justificativa para a escravidão na sociedade atual.

A sociedade daquele período era dividida em castas, um sistema de estratificação social rigidamente hierárquico. Os reis e suas famílias, junto com os nobres e líderes militares, formavam a classe alta (realeza e nobreza). Os Sacerdotes e Levitas (membros da Tribo de

Levi, uma das tribos de Israel, que tinham como função ajudar os sacerdotes no serviço da casa do Senhor), tinham um papel importante na vida religiosa e eram responsáveis pelo Templo e pelos rituais. Depois vinham os comerciantes e artesãos que constituam a classe média. Os camponeses e pastores formavam a maioria da população e trabalhavam na agricultura e na criação de animais. Por último, vinham os escravos que podiam ser hebreus ou estrangeiros. Estes últimos não tinham as mesmas proteções legais que os escravos hebreus; e poderiam até ser escravizados permanentemente (Levítico 25:44-46).

A lei judaica estabelecia distinções sociais rigorosas, como entre sacerdotes e leigos, e entre judeus e estrangeiros. O povo judeu tinha também leis para proteger os órfãos, as viúvas e os estrangeiros, que eram vistos como iguais aos judeus na lei. Dessa forma, a hierarquia social no Antigo Testamento era baseada em uma série de fatores, incluindo riqueza, *status* familiar, profissão e papel na comunidade. A sociedade hebraica era fortemente orientada para o clã e o *status* familiar era um fator importante na determinação da posição social. Aqueles que vinham de famílias nobres ou ricas tinham uma posição social mais elevada do que aqueles de uma classe social mais baixa.

Os sacerdotes e os líderes políticos eram considerados entre as classes mais elevadas da sociedade. Eles eram responsáveis por conduzir os rituais religiosos, interpretar a lei divina e agir como juízes. Além do mais, os líderes políticos eram responsáveis por conduzir a nação e representá-la em questões políticas e diplomáticas.

Como referido anteriormente, os agricultores, comerciantes e artesãos eram considerados entre as classes médias da sociedade. Mas, era uma classe média que trabalhavam duro para sustentar suas famílias e contribuir para a economia da comunidade. Por sua vez, os escravos, estrangeiros e pessoas sem lar, as classes sociais mais baixas, não tinham direitos políticos ou econômicos e eram frequentemente desfavorecidos em questões legais. Apesar de já termos visto que o Antigo Testamento inclui regulamentos que visavam proteger os escravos e garantir-lhes um tratamento justo.

Nunca é demais lembrar que a hierarquia social no Antigo Testamento reflete as condições sociais, políticas e econômicas da época. Não deve, portanto, ser vista como uma justificativa para a manutenção das desigualdades econômicas e sociais na sociedade moderna. Até porque, ao longo dos séculos, a igualdade social tem sido enfatizada como um valor central em muitas tradições religiosas e culturais, incluindo o cristianismo e o judaísmo.

A pobreza era uma realidade comum na sociedade hebraica do Antigo Testamento e a Bíblia contém regulamentos e ensinamentos para lidar com os pobres e ajudar a protegê-los. Aqueles que eram pobres incluíam viúvas, órfãos, idosos, estrangeiros e escravos. Já, vimos, pois, que ele incluía regulamentos para a proteção dos pobres, inclusive com garantias de que eles não fossem oprimidos ou explorados (ação de explorar ou utilizar algo de maneira excessiva) pelos ricos. A título de exemplo, a lei do ano sabático exigia que os proprietários de terras deixassem suas colheitas para os pobres, e a lei do Deuteronômio proibia o empréstimo a juros, ainda havia incentivos à caridade e a doação para ajudar os mais necessitados. Inclusive os líderes religiosos e políticos eram encorajados a levantar fundos para ajudar os desfavorecidos, bem como as pessoas eram incentivadas a dar dízimos e ofertas para os pobres. De forma geral, cabe lembrar que a importância de cuidar dos pobres como um ato de justiça e misericórdia divina era bem enfatizada nos textos antigos. A Bíblia afirma que os pobres são vistos como especialmente próximos a Deus e que ajudá-los é uma maneira de honrar a Deus.

As guerras e conquistas no Antigo Testamento são temas recorrentes que refletem a turbulenta história de Israel e seu entorno. Estas narrativas incluem campanhas militares, batalhas grandiosas e conquistas territoriais que moldaram a história do povo israelita. No período patriarcal, uma das primeiras guerras registradas é a Guerra dos Reis, onde Abraão resgata seu sobrinho Ló, capturado por uma coalizão de reis liderada por Quedorlaomer (do antigo Elão nos dias de Abraão). Este evento demonstra o poder de Abraão e sua aliança com Deus, destacando a proteção divina sobre os patriarcas.

Mais adiante, após o êxodo do Egito e a morte de Moisés, Josué lidera os israelitas na conquista de Canaã.

Esta campanha inclui batalhas memoráveis, como a queda das muralhas de Jericó, a conquista da cidade de Ai, após uma derrota inicial devido ao pecado de Acã (um israelita que desobedeceu a Deus, por tomar para si despojos proibidos de Jericó), e ainda, a vitória sobre coalizões de reis do sul e do norte. Essas vitórias são vistas como manifestações do cumprimento das promessas divinas feitas aos patriarcas.

Durante o período dos Juízes, Israel enfrentou vários inimigos. Débora, uma profetisa e juíza, juntamente com o líder militar Baraque, derrotou Sísera, comandante do exército cananeu, em uma batalha no rio Quisom, atribuída à intervenção divina. Gideão, chamado por Deus, liderou um pequeno exército de 300 homens contra os midianitas, usando táticas de surpresa e confusão para derrotar um exército muito maior. Jefté, escolhido como líder apesar de seu passado como filho de uma prostituta e sua rejeição pela família, venceu os amonitas; embora um voto imprudente antes da batalha tenha levado a consequências pessoais trágicas. Jefté prometeu sacrificar a primeira pessoa que saísse de sua casa para recebê-lo caso obtivesse a vitória. Infelizmente, essa pessoa foi sua própria filha, o que resultou em uma tragédia pessoal e uma reflexão profunda sobre os compromissos que fazemos e suas consequências. Sansão, famoso por sua força extraordinária, lutou contra os filisteus, realizando façanhas como a destruição do templo filisteu em Gaza.

Com a monarquia unida, sob os reinados de Saul e Davi, Israel continuou a enfrentar desafios militares. Saul conduziu várias batalhas contra os filisteus, mas sua derrota final e a morte no monte Gilboa marcou o fim de seu reinado. Davi, inicialmente famoso por sua vitória sobre o gigante Golias, liderou campanhas bem-sucedidas contra os filisteus, moabitas, edomitas, amonitas e arameus, expandindo significativamente o território israelita. Contudo, Davi também enfrentou a rebelião de seu filho Absalão, resultando em uma guerra civil.

Após a divisão do reino, o Reino do Norte (Israel) e o Reino do Sul (Judá) enfrentaram conflitos tanto entre si quanto com inimigos externos. O Reino do Norte, sob Jeroboão I, frequentemente entrava em conflito com Judá, e Acabe, rei de Israel, derrotou Ben-Hadade de Aram em várias batalhas. No Reino do Sul, Asa venceu um grande exército cuxita com a ajuda divina, e Josafá, confiando em Deus, derrotou uma coalizão de Moabe, Amom e Edom através de um ato de fé e louvor.

Os exílios e conquistas estrangeiras marcam o fim da independência israelita. Em 722 a.C., os assírios, sob o rei Sargão II, conquistaram o Reino de Israel, resultando no exílio das dez tribos e na queda de Samaria, que foi realizada através de um cerco durou cerca de três anos e envolveu fome e privação entre seus habitantes. Quando Samaria finalmente caiu, muitos israelitas foram deportados para a Assíria, e a cidade foi repovoada por estrangeiros, o que levou ao surgimento da população samaritana. Essa queda marcou o fim do Reino de Israel e teve implicações duradouras na política e na cultura da região, incluindo a divisão religiosa e étnica que persiste até hoje. Em 586 a.C., Nabucodonosor II da Babilônia conquistou Jerusalém, destruiu o Templo e levou muitos judeus ao exílio. O cativeiro babilônico marcou um período de grande sofrimento e reflexão para o povo judeu, como aludido em outro momento.

Essas guerras e conquistas refletem não apenas a luta pela sobrevivência e expansão territorial, mas também a relação dos israelitas com Deus. Muitas dessas guerras são apresentadas como batalhas espirituais, onde a fé e a obediência a Deus são fundamentais para a vitória. Essas histórias repetidas através do tempo contribuíram de forma ímpar para moldar a identidade do povo judeu e seu entendimento da providência divina.

Como observado, os relatos de guerra e conquista no Antigo Testamento têm diversos aspectos, incluindo o papel de Deus na guerra, as táticas militares usadas e as consequências políticas e sociais de tais guerras. De acordo com o Antigo Texto, Deus era visto como o comandante das guerras hebraicas e os líderes militares eram encorajados a buscar a orientação divina antes de entrar em batalha. As táticas militares usadas pelos hebreus incluíam a sapa (construção de rampas ou trincheiras para facilitar o ataque às muralhas das cidades), a emboscada e a batalha aberta. As conquistas resultantes geralmente incluíam a captura de riquezas, escravos e terra.

Posto isto, o Antigo Testamento tem uma forte dimensão religiosa e espiritual que moldou a fé dos judeus e influenciou a crença cristã e islâmica. Alguns dos aspectos religiosos mais importantes incluem o monoteísmo ou a crença em um único Deus. De acordo com a Bíblia, Deus é o criador do universo e é responsável por todas as coisas. Inclui também a Lei, que se refere aos Dez Mandamentos e outras leis e regulamentos para a vida religiosa e moral dos judeus. A Lei foi dada por Deus a Moisés no Monte Sinai e é vista como um sinal de sua aliança com o povo de Israel. Contém, ainda, muitos profetas, como Isaías, Jeremias e Ezequiel, que foram escolhidos por Deus para transmitir mensagens divinas e orientar o povo de Israel em questões religiosas e políticas. Relata também vários aspectos da adoração religiosa, incluindo a oferta de sacrifícios, a celebração de festivais religiosos e a oração. Explica a aliança entre Deus e o povo de Israel, que é vista como um compromisso divino de proteger e abençoar o povo de Israel em troca de sua obediência às leis divinas. Por fim, inclui profecias sobre o advento de um salvador messiânico, que viria para libertar o povo de Israel e estabelecer um reino de justiça e paz, controvérsias à parte.

Os rituais de purificação faziam parte da vida social daquele período. No Antigo Testamento encontramos vários rituais de purificação que eram realizados pelos judeus para se manterem santos e puros diante de Deus. Aqui estão descritos alguns deles a título de ilustração: 1) antes de entrar no Tabernáculo ou Templo, os sacerdotes tinham que lavar as mãos e os pés com água sagrada para se purificarem e se prepararem para realizar seus deveres sagrados (essa prática simbolizava a pureza física e espiritual que era necessária para se aproximar de Deus); 2) pessoas que eram consideradas impuras devido a doenças ou eventos relacionados à menstruação tinham que se submeter a rituais de purificação para se tornarem novamente aptas a participar da comunidade (esse processo incluía a lavagem com água e a oferta de sacrifícios para obter perdão e purificação); 3) Objetos sagrados, como o arca da aliança, precisavam ser purificados periodicamente com óleo sagrado e incenso para manterem sua santidade e pureza (esse processo representava a dedicação do povo à preservação da pureza de seus objetos sagrados e a sua devoção a Deus); 4) sacrifícios de animais eram oferecidos ao Senhor como forma de expiação (sofrimento compensatório de culpa) pelos pecados e para obter purificação (essas oferendas simbolizavam o arrependimento do pecador e a renúncia a seu pecado, e eram consideradas necessárias para restaurar a paz entre o pecador e Deus); 5) o batismo foi instituído pelo profeta João Batista como uma forma de purificação do coração e preparação para a vinda de Jesus. Essa prática simbolizava a renúncia ao pecado e a dedicação à vida santa, e preparava as pessoas para receberem o perdão e a graça de Deus.

Outros rituais ainda eram realizados para purificação dos alimentos, da água, dos lugares sagrados, de objetos profanos. Estas práticas de purificação eram realizadas com muita dedicação e rigor pelos judeus, e eram vistas como formas importantes de se aproximar de Deus e de manter a pureza espiritual e física.

Outra característica da sociedade judaica daquela época era a importância dada a hospitalidade. Para os judeos esta vai além de simplesmente acolher os outros e oferecer abrigo. Era vista como uma forma de seguir os mandamentos de Deus e de demonstrar amor e compaixão aos mais necessitados. A hospitalidade era especialmente importante para os estrangeiros, que não tinham nenhum meio de proteção e segurança na sociedade. A Bíblia enfatiza a importância de acolher os estrangeiros e oferecer-lhes refúgio, comida e abrigo (Êxodo 22:21, Deuteronômio 10:18-19).

A hospitalidade era vista como uma forma de amar ao próximo, especialmente aos mais necessitados. Isso incluía ajudar os pobres, os viajantes, os enfermos e os idosos (Isaías 58:7, Tiago 2:15-16). A Bíblia também ensina que ajudar os necessitados e acolher os estrangeiros é uma forma de cumprir os mandamentos de Deus e de agradá-Lo (Deuteronômio 10:18-19, Mateus 25:35-36).

Outrossim, a hospitalidade era vista como uma forma de fortalecer laços sociais e comunitários, criando relações de confiança e amizade entre as pessoas e como uma oportunidade de servir a Deus. Pois, ajudar os outros e acolhê-los era uma forma de seguir Sua vontade e de demonstrar amor e respeito a Ele. Essa tradição é uma parte importante da herança judaica e cristã e continua a ser valorizada por muitos até hoje.

5. Aspectos políticos

Começamos esse item destacando que os aspectos políticos do Antigo Testamento são intricados e variados, refletindo as complexas relações de poder e governança ao longo da história de Israel. Desde a liderança tribal dos patriarcas até a monarquia e os profetas, a política desempenhou um papel crucial nas narrativas bíblicas.

O Antigo Testamento abrange uma vasta gama de contextos políticos, incluindo monarquias, períodos de dominação estrangeira, governos tribais e teocracias. A política é frequentemente retratada como sendo influenciada por Deus e sua vontade, e os líderes são vistos como agentes divinos em suas ações. O Antigo Texto ainda é repleto de referências políticas e retrata uma ampla gama de governos e sistemas políticos. O livro de Josué, por exemplo, descreve a conquista da Terra Prometida pelos israelitas, enquanto livros como Samuel 1 e Reis 2 retratam a monarquia israelita e seus reis, incluindo os reinados de vários deles, as guerras contra outras nações e as divisões políticas internas. A política também é tema de profecias e livros históricos, como o livro de Jeremias e o livro de Esdras. Grosso modo, os escritos enfatizam a responsabilidade dos líderes em governar justamente e seguir a vontade divina.

No período patriarcal, a liderança fora exercida por figuras como Abraão, Isaac e Jacó, que eram chefes de famílias e clãs. Este modelo de liderança era essencialmente tribal, com poder e autoridade baseados em laços familiares e alianças tribais. As decisões políticas eram tomadas por esses patriarcas, que tinham responsabilidades religiosas, judiciais e militares.

Após a conquista de Canaã, Israel entrou no período dos Juízes, uma época caracterizada por uma liderança descentralizada. Os juízes eram líderes temporários levantados por Deus para libertar Israel de opressões externas e internas. Figuras como Débora, Gideão, Jefté e Sansão assumiram papéis de liderança militar e espiritual, mas não estabeleceram dinastias permanentes.

A transição para a monarquia marcou um ponto de virada significativo na política israelita. O povo pediu um rei "como todas as outras nações" (1 Samuel 8:5), resultando na unção de Saul como o primeiro rei de Israel. A monarquia trouxe uma centralização do poder e um sistema de governo mais estruturado.

O primeiro rei de Israel, Saul, enfrentou desafios internos e externos, incluindo conflitos com os filisteus. Sua liderança foi marcada por uma mistura de sucesso militar e fracasso pessoal, culminando em sua rejeição por Deus. Davi sucedeu a Saul e unificou as tribos de Israel, estabeleceu Jerusalém como a capital política e religiosa de Israel, trazendo a Arca da Aliança para a cidade. Seu reinado foi uma época de expansão territorial e consolidou a monarquia como a forma de governo israelita. Por sua vez, Salomão, filho de Davi, ficou conhecido por sua sabedoria e pelos grandes projetos de construção, incluindo o Templo em Jerusalém. Seu reinado trouxe paz e prosperidade, mas também impostos pesados e trabalho forçado, levando o descontentamento entre as tribos.

A monarquia é a forma de governo principal retratada no Antigo Testamento, sendo vista como uma instituição criada por Deus. A monarquia israelita era descrita como tendo seu início com a unificação das tribos de Israel sob o rei Davi, que é visto como um líder forte e justo. O reinado de Davi é descrito como um período de prosperidade e expansão para o povo de Israel. Todavia, após a morte de Salomão, o reino se dividiu em Reino de Israel (norte) e Reino de Judá (sul), denominado de período da "monarquia dividida". O Reino de Israel foi governado por várias dinastias, enfrentou constante instabilidade política, bem como a desobediência divina, inclusive pela idolatria. Reis como Jeroboão I e Acabe são notáveis por sua apostasia e conflitos com os profetas. Por sua vez, o Reino de Judá passou a ser governado pela dinastia de Davi, e teve períodos de fidelidade a Deus intercalados com momentos de corrupção e idolatria. Reis como Ezequias e Josias, por exemplo, são lembrados por suas tentativas de reforma religiosa e centralização do culto em Jerusalém.

Assim, o Antigo Testamento enfatiza a responsabilidade dos líderes em governar justamente e seguir a vontade divina. Os líderes são advertidos sobre as consequências de seu comportamento injusto e as profecias preveem punições divinas para aqueles que não governam de acordo com a vontade de Deus, como foi o caso das dominações babilônica e persa. A dominação babilônica é retratada no Antigo Testamento como uma punição divina para o povo de Israel por sua desobediência e comportamento injusto. A destruição do Templo de Jerusalém e o exílio dos líderes religiosos e políticos para Babilônia são descritos como um resultado direto da má conduta do povo de Israel. Durante estes períodos, os governos estrangeiros exerceram forte controle sobre o povo de Israel e sobre suas instituições políticas e religiosas. Outras profecias políticas incluem a restauração do reino de Israel e a chegada do Messias. Estas profecias têm sido interpretadas de muitas maneiras ao longo dos séculos e continuam a ser objeto de debate no presente.

Após a queda da Babilônia, o povo de Israel foi libertado da dominação estrangeira pelo rei persa Ciro, que permitiu aos exilados retornarem a sua terra e reconstruírem o Templo de Jerusalém. Esta libertação foi vista como sendo parte de uma grande profecia política, que previa inclusive a restauração do reino de Israel e a retomada de sua independência política.

Destarte, já deve ter ficado claro ao leitor toda a turbulência política dessa região, Israel e Judá desde o período dos Juízes até o exílio babilônico enfrentaram várias invasões e dominações estrangeiras que moldaram sua história e identidade.

Do ponto de vista das instituições, o Antigo Testamento também contém leis e normas políticas que orientavam a conduta do povo de Israel e dos seus líderes políticos e religiosos. Essas leis abrangiam uma ampla gama de assuntos, incluindo justiça, moralidade, direitos humanos e relações internacionais. A Torá, ou a lei dada a Moisés, como anteriormente descrito, representa o conjunto de leis mais importante no Antigo Testamento. Ela inclui leis sobre a conduta moral e religiosa, assim como leis sobre justiça e direitos humanos. Por exemplo, a Torá proíbe a exploração dos pobres, protege os direitos dos estrangeiros e dos órfãos, e estabelece penas severas para aqueles que cometem crimes graves como assassinato, roubo e adultério.

Por fim, os profetas também desempenhavam um importante papel político no Antigo Testamento. Eles eram as pessoas "escolhidas" por Deus para transmitir Sua mensagem ao povo de Israel. Os profetas eram vistos como os porta-vozes de Deus e como os guardiões da verdade moral e religiosa. Eles frequentemente denunciavam o comportamento injusto e imoral dos líderes políticos e religiosos e chamavam o povo de Israel para o arrependimento e para a obediência aos mandamentos divinos. Os profetas também faziam profecias políticas sobre o futuro do reino de Israel e da nação judaica. Algumas dessas profecias previam períodos de opressão e dominação estrangeira, enquanto outras a a restauração da justiça divina e a retomada da independência política, como já referenciado em itens anteriores. Sumariamente, nos momentos de crise política e religiosa, quando o povo de Israel estava dividido e governado por líderes fracos e ineficazes, os profetas surgiam como líderes espirituais e políticos, chamando o povo para o arrependimento e para a obediência aos mandamentos divinos. Assim, a figura dos profetas era vista como sendo crucial para a história política e religiosa, desempenhado um papel fundamental na preservação da fé e da justiça. Todavia, cabe destacar que os reis também eram vistos como tendo uma responsabilidade religiosa importante, pois eles eram responsáveis por manter a pureza da fé e por liderar o povo de Israel na adoração a Deus. Alguns dos reis de Israel são descritos como tendo sido justos e virtuosos, enquanto outros são descritos como tendo sido corruptos e imorais.

Em síntese, os aspectos políticos do Antigo Testamento são vastos e multifacetados, refletindo a evolução de Israel de uma sociedade tribal para uma monarquia centralizada e, eventualmente, para reinos divididos. Neste contexto, a interação entre a liderança política e a fé religiosa é uma preocupação constante, com os profetas desempenhando um papel vital ao desafiar e orientar os líderes políticos.

6. Aspectos econômicos

O Antigo Testamento aborda vários aspectos econômicos, incluindo a agricultura, o comércio, a propriedade e a riqueza. A economia na época bíblica era predominantemente agrária. Agricultura e Pecuária eram as principais atividades econômicas e a base da subsistência para a maioria da população. O trabalho era visto tanto como uma bênção quanto como um dever.

A agricultura era a principal atividade econômica especialmente na região da Palestina. O Antigo Testamento inclui relatos sobre as colheitas, irrigação, criação de animais e outras práticas agrícolas (Deuteronômio 8:7-10, Levítico 19:9-10). Os israelitas cultivavam trigo, cevada, uvas, figos, romãs, azeitonas e tâmaras. A terra era arada com arados puxados por bois, e a colheita era armazenada em celeiros. A importância da agricultura é refletida em muitas leis e festivais, como a Festa das Primícias e a Festa das Colheitas.

A Bíblia descreve as colheitas como uma fonte importante de alimento e riqueza para as pessoas (Deuteronômio 8:7-10). A agricultura na região da Palestina dependia em grande parte da irrigação, que era feita através de sistemas de diques e canais para levar água dos rios e fontes para os campos agrícolas (João 9:7).

O Antigo Testamento ainda inclui leis que regulavam as práticas agrícolas, incluindo a proibição de plantar diferentes tipos de cultivos juntos (Deuteronômio 22:9-10), a obrigação de deixar as margens dos campos para os pobres colherem (Levítico 19:9-10) e a proibição de trabalhar na terra durante o Shabbat (Êxodo 20:8-11).

Além da agricultura, a criação de animais também era uma atividade importante, incluindo ovelhas, cabras, bois e outros animais que eram usados como alimento, roupas e como meios de troca comercial. Os rebanhos forneciam leite, carne, lã e couro. Patriarcas como Abraão, Isaque e Jacó são frequentemente descritos como pastores ricos.

O comércio também era uma atividade importante com a troca de mercadorias e bens entre as nações e os indivíduos. A Bíblia menciona o comércio marítimo, a compra e venda de terras, a venda de escravos e outras práticas comerciais (Gênesis 37:28, Êxodo 21:2-6, Atos 16:19-40). Há menções a várias rotas comerciais, incluindo a Rotas da Estrada da Sed, que ligava a Mesopotâmia ao Egito, passando por Gaza. Estas rotas eram importantes para o comércio de bens e matérias-primas, incluindo metais, tecidos, especiarias, escravos e outros produtos. As cidades eram importantes centros comerciais, e algumas das cidades mais mencionadas no Antigo Testamento como Tiro, Sidom, Gaza e Gerar eram conhecidas por sua atividade comercial.

Um exemplo de intenso comércio entre cidades no Antigo Testamento pode ser visto nas relações comerciais envolvendo a cidade de Tiro, uma das principais cidades fenícias, e o reino de Israel. Esse comércio é mencionado, por exemplo, durante o reinado de Salomão. No livro de 1 Reis 5:1-12, é relatado que o rei Salomão estabeleceu uma parceria comercial com Hirão, rei de Tiro. Essa aliança comercial foi fundamental para a construção do Templo de Jerusalém, uma das grandes obras do reinado de Salomão. Salomão precisava de madeira de cedro e cipreste, materiais que eram abundantes no território fenício, particularmente no Líbano, controlado por Tiro. Em troca da madeira, Salomão enviava grandes quantidades de trigo e azeite, que eram valiosos produtos agrícolas produzidos no território de Israel. Além disso, os fenícios de Tiro, conhecidos por sua habilidade na navegação, ajudaram Salomão a estabelecer rotas comerciais marítimas, expandindo o comércio para regiões distantes, como Ofir, onde buscavam ouro, pedras preciosas e outros bens.

O Antigo Testamento também menciona o uso de moedas e pesos para transações comerciais. Em Gênesis 23:16, por exemplo, lê-se que Abraão pesou 400 *siclos* (*shekels*) de prata para comprar uma sepultura para Sara. O *shekel* era a moeda mais comum na época, mas também representava uma unidade de peso, sendo usado tanto para transações comerciais quanto para pagamento de tributos. O *talento* e a *mina* eram outras unidades monetárias e de peso. Representavam unidades de peso maiores, também usadas para medir metais preciosos. Um *talento* equivalia a cerca de 3.000 *shekels* e era usado em grandes transações, como em tributos ou nas reservas do templo, conforme mencionado em passagens como 1 Reis 9:14, que menciona que Salomão recebeu 120 *talentos* de ouro de Hirão, rei de Tiro. Não obstante, a forma predominante de comércio era ainda a troca direta de bens (Gênesis 37:28). A *mina*, por sua vez, era uma unidade intermediária, equivalente a cerca de 50 ou 60 *shekels*, e aparece em contextos semelhantes, especialmente em contas de grandes somas de dinheiro ou tributos. Embora nem sempre se tratasse de "moedas" no sentido moderno, essas unidades monetárias e de peso eram fundamentais para a economia do antigo Israel.

É preciso entendermos que no Antigo Testamento, a ideia de "moeda" era mais amplamente associada a unidades de peso. Portanto, o uso de pesos e medidas como o *shekel, mina* e *talento* indicava o valor das transações em termos de quantidade de metal precioso, uma prática comum naquela época. Todavia, a maior parte das transações econômicas no Antigo Testamento era baseada na troca direta de mercadorias, sendo o uso de moedas de prata, como o *siclo*, apenas descrito em algumas de suas passagens. As moedas cunhadas, como as conhecemos, começaram a aparecer e a ser usadas mais regularmente somente mais tarde na história, principalmente a partir do período pós-exílico (Esdras 2:69).

É digno de nota, ademais, que o Antigo Testamento inclui um conjunto de leis que regulavam as práticas comerciais, incluindo leis sobre justiça no comércio (Êxodo 22:7-15), proibições contra fraude e engano (Deuteronômio 25:13-16), e regras para o comércio de escravos (Êxodo 21:2-6).

Outro tema econômico central do Antigo Testamento refere-se a propriedade, especialmente no que tange à posse de terras, bens, escravos e rebanhos. A terra, em particular, é vista não apenas como um recurso econômico, mas como uma bênção divina e um elemento essencial da identidade e sustento das tribos de Israel. A posse de propriedades estava profundamente enraizada em tradições familiares e nações, sendo regulada por leis que garantiam tanto a justiça quanto a preservação das famílias e do tecido social.

A terra é considerada um presente de Deus ao povo de Israel. A posse da terra está diretamente ligada às promessas feitas a Abraão, Isaque e Jacó, em que Deus prometeu dar à descendência deles a terra de Canaã como herança perpétua (Gênesis 12:7; 17:8). Essa herança é vista como um símbolo da aliança entre Deus e o povo de Israel. Após a conquista de Canaã, sob a liderança de Josué, a terra foi distribuída entre as tribos de Israel. Cada tribo, clã e família recebeu uma porção de terra, que deveria ser mantida dentro da família e da tribo (Josué 13-19). A lei determinava como a propriedade devia ser transmitida por meio da herança (Deuteronômio 21:17). Isso é reforçado em Números 36, onde as filhas de

Zelofeade recebem direito à herança de terras para que o nome e a posse da terra na tribo de seu pai não se percam. As primeiras-nascidas eram geralmente consideradas herdeiras (Números 27:8-11). Outrossim, é importante ressaltar que as leis também protegiam a propriedade contra o roubo e o furto (Êxodo 22:1-15).

Portanto, a preservação da propriedade familiar era um valor fundamental. As terras, uma vez distribuídas, deveriam permanecer nas famílias. Para garantir isso, foram estabelecidas leis que proibiam a venda permanente de terras. A Lei do Jubileu (Levítico 25) prescrevia que, a cada 50 anos, as terras deveriam retornar aos seus proprietários originais, mesmo que tivessem sido vendidas devido a dívidas ou crises financeiras. Esse sistema visava evitar a concentração de terras e riqueza em poucas mãos e proteger as famílias de perderem seu sustento.

Em síntese, a terra era vista como uma fonte de riqueza e segurança. Por seu turno, a riqueza era uma fonte importante de poder e influência na sociedade dos tempos bíblicos e era alcançada através da agricultura, do comércio, da propriedade e outras atividades econômicas. Mas, o Antigo Testamento também adverte contra a ganância e a injustiça no que diz respeito à posse de propriedades. O caso de Nabote e sua vinha (1 Reis 21) ilustra os abusos do poder quando o rei Acabe, influenciado por Jezabel, usurpa a vinha de Nabote, violando as leis divinas que protegiam a propriedade familiar. A história mostra que, embora o poder político pudesse manipular o sistema de posse, Deus intervinha para restaurar a justiça. Outras consequências negativas da riqueza excessiva são relatadas em Mateus 19:23-24 e Lucas 12:13-21.

A venda de terra era permitida, desde que a transação fosse justa e não envolvesse fraude ou engano (Levítico 25:14). Além disso, a lei previa que a terra não devia ser vendida permanentemente, mas devia ser devolvida à sua propriedade original após o ano do Jubileu (Levítico 25:23-24), como citado anteriormente.

Outro aspecto interessante em relação à terra ainda é que o Antigo Testamento também previa a criação de terras de refúgio, onde as pessoas podiam se abrigar em caso de perseguição ou perigo (Números 35:11-15).

Voltemos ao tema da riqueza no Antigo Testamento. Esta era vista tanto como uma bênção divina quanto uma potencial fonte de perigo moral. Em muitas passagens, a riqueza material é apresentada como uma manifestação da bênção de Deus, mas com advertências claras sobre seus possíveis abusos e armadilhas. O Antigo Testamento oferece uma perspectiva equilibrada, onde a riqueza devia ser adquirida de maneira justa e usada para glorificar a Deus e promover a justiça social. O exemplo de Abraão é emblemático: ele é descrito como muito rico em gado, prata e ouro (Gênesis 13:2), um sinal da bênção divina sobre sua vida. De forma semelhante, Isaac e Jacó também experimentam prosperidade material como parte do cumprimento das promessas de Deus.

No livro de Deuteronômio 8:18, Moisés instrui o povo de Israel a lembrar que é Deus quem lhes dá a capacidade de adquirir riqueza, destacando que essa riqueza serve para confirmar a aliança de Deus com o Seu povo. Todavia, o Antigo Testamento é muito claro sobre a responsabilidade moral que acompanha a riqueza. Esta deve ser usada para ajudar os pobres e necessitados, como exemplificado nas leis do dízimo (Deuteronômio 14:28-29) e nas provisões para deixar parte da colheita para os estrangeiros, órfãos e viúvas (Levítico 19:9-10). A justiça social está profundamente ligada ao uso correto da riqueza, e negligenciar os pobres é visto como um pecado grave. Exemplificativamente, o profeta Amós, condena severamente aqueles que acumulam riqueza de forma injusta, explorando os pobres e oprimidos (Amós 2:6-7; 8:4-6). Amós critica a elite israelita por transformar sua riqueza em um símbolo de opressão, mostrando que o abuso de riquezas pode corromper o coração e trazer a ira divina.

Inclusive, o livro de Provérbios frequentemente adverte sobre os riscos da ganância e da busca desenfreada por riquezas. Provérbios 11:28 afirma que "quem confia nas suas riquezas cairá, mas os justos reverdecerão como a folhagem".

O rei Salomão, descrito como um dos homens mais ricos de sua época, nos brinda com reflexões sobre a futilidade da riqueza em Eclesiastes. Ele conclui que a riqueza, por si só, não traz verdadeira satisfação ou sentido à vida. Em Eclesiastes 5:10, ele afirma: "Quem ama o dinheiro nunca se fartará dele, e quem ama a abundância nunca ficará satisfeito com o que ganha."

Assim, uma das lições centrais do Antigo Testamento sobre riqueza é que ela não deve desviar as pessoas de sua fidelidade a Deus. Em Deuteronômio 8:10-14, o povo de Israel é advertido a não se esquecer de Deus quando estiverem desfrutando da prosperidade na Terra Prometida. A tentação de confiar na riqueza e negligenciar o Senhor é uma constante ameaça à essa fidelidade. O exemplo do rei Acabe em 1 Reis 21, que toma para si a vinha de Nabote, ilustra a corrupção do coração humano pela busca por mais riqueza e propriedade, como já citado em outro momento.

Outro aspecto importante é que a riqueza, quando usada corretamente, deve levar à generosidade. Deus espera que os ricos ajudem os necessitados e demonstrem misericórdia. Em Provérbios 19:17, lemos: "Quem trata bem os pobres empresta ao Senhor, e ele o recompensará". Portanto, o conceito de riqueza no Antigo Testamento está sempre vinculado à generosidade e à responsabilidade social. A verdadeira riqueza, para os justos, é medida pela forma como ela é distribuída e usada para o bem da comunidade e para honrar a Deus.

Por seu turno, o sistema de tributação no Antigo Testamento era fundamentalmente ligado à organização social e religiosa de Israel. Diferente das tributações modernas, os tributos no Antigo Testamento estavam profundamente conectados à vida religiosa, ao sustento dos sacerdotes, e à redistribuição de recursos para os mais pobres e vulneráveis. As principais formas de tributação incluíam o dízimo, as ofertas obrigatórias e voluntárias, os tributos ao rei, e várias outras formas de contribuições econômicas.

O dízimo era uma das formas mais importantes de "tributação" no Antigo Testamento, e sua função era tanto religiosa quanto social. O dízimo correspondia a 10% da produção agrícola ou dos rebanhos de cada israelita. O dízimo era levado ao templo ou aos levitas, que não tinham herança de terra e, portanto, dependiam dos dízimos para seu sustento (Números 18:21-24). Tinha como objetivo sustentar os levitas e sacerdotes, que eram responsáveis pelos serviços religiosos no templo. Além disso, parte dos dízimos era destinada a ajudar os pobres, órfãos, viúvas e estrangeiros (Deuteronômio 14:28-29). Havia uma expectativa de que o dízimo promovesse a equidade social, ajudando aqueles que não tinham meios de se sustentar.

Destaca-se que havia diferentes tipos de dízimos. Entre eles, o dízimo anual que prescrevia o dízimo de toda produção e rebanho, a ser entregue anualmente, e trienal, a cada três anos. Este de caráter especial, o dízimo era armazenado em cada cidade para ser distribuído aos levitas e aos necessitados da comunidade local (Deuteronômio 14:28-29).

Além dos dízimos, o povo de Israel era chamado a fazer várias ofertas ao Senhor, algumas obrigatórias e outras voluntárias. O sistema sacrificial incluía ofertas de animais, grãos, e produtos agrícolas, que faziam parte da adoração regular no templo (Levítico 1-7). As ofertas de sacrifício eram uma forma de tributo a Deus e sustentavam o culto e o sacerdócio. Por sua vez, no que tange as ofertas de primícias, os israelitas eram obrigados a oferecer os primeiros frutos de sua colheita como um tributo de agradecimento a Deus (Êxodo 23:19; Deuteronômio 26:1-11). Esse era um ato de reconhecimento de que a prosperidade vinha de Deus, e uma maneira de devolver a Ele uma parte do que haviam recebido.

Com o estabelecimento da monarquia em Israel, começaram a surgir tributos destinados a sustentar o rei e seu governo. Os reis de Israel, como Saul e Davi, começaram a instituir tributos e recrutamentos para manter o exército e as necessidades administrativas do reino. Davi, por exemplo, estabeleceu tributos em terras conquistadas (2 Samuel 8:2, 8:6). O rei Salomão foi famoso por sua vasta rede de impostos, que incluía tributos territoriais e o fornecimento de alimentos e produtos de várias regiões de Israel para sustentar sua corte (1 Reis 4:7, 1 Reis 12:4). Seu sistema tributário, embora eficiente, foi criticado pela carga excessiva sobre o povo, levando à divisão do reino após sua morte (1 Reis 12:1-19).

Todavia, com a expansão de impérios vizinhos, como o Egito, Assíria e Babilônia, Israel e Judá também foram submetidos a pagar tributos a esses impérios. Assim, quando Israel e Judá se tornaram vassalos de potências estrangeiras, como a Assíria e a Babilônia, ficaram obrigados a pagar pesados tributos para evitar invasões e ataques. Um exemplo é o rei Ezequias, que pagou tributo ao rei da Assíria para tentar garantir a paz (2 Reis 18:14-16). Já, durante o exílio na Babilônia, parte das riquezas de Israel foi confiscada, e os judeus submetidos ao governo babilônico e persa pagavam tributos aos governantes estrangeiros.

É importante destacar que a tributação no Antigo Testamento não visava apenas a acumulação de riqueza ou poder, mas também a redistribuição para garantir que os pobres e marginalizados fossem cuidados. Já nos referimos anteriormente ao Ano Sabático e ao Ano do Jubileu como exemplos de leis e regulamentos referentes ao aspecto da redistribuição.

Posto isto, a administração dos tributos e dízimos era centralizada no templo e supervisionada pelos sacerdotes e levitas. Eles eram os responsáveis pela coleta, distribuição e gestão desses recursos para as necessidades religiosas e sociais. De mais a mais, os governantes (reis) também coletavam tributos específicos para manter a estrutura administrativa e militar do reino.

Enfim, cabe concluir que o sistema de tributação no Antigo Testamento refletia uma sociedade baseada na aliança com Deus, em que os tributos tinham um forte componente espiritual, moral e social. As formas de tributação, como o dízimo, ofertas e tributos ao rei, serviam tanto para sustentar o templo e o culto a Deus quanto para promover a justiça social, garantindo que os pobres e necessitados fossem atendidos. Esse sistema refletia a crença de que a riqueza e os recursos pertenciam a Deus e deveriam ser usados com justiça, respeito e redistribuição dentro da comunidade de Israel.

É notório que no Antigo Testamento a desigualdade econômica é abordada de várias maneiras. Algumas leis são destinadas a proteger os direitos dos trabalhadores e evitar a exploração dos mais vulneráveis. Por exemplo, Êxodo 23:10-12 ordena que não se oprima o jornaleiro ou o pobre, e que se pague o salário no dia devido. Levítico 25:35-43 proíbe a cobrança de juros excessivos aos necessitados e exige que se dê colheita aos pobres e viajantes.

O Antigo Testamento também enfatiza a importância da honestidade e integridade nas transações comerciais. Em Deuteronômio, 25:13-16, é proibido a balança falsificada ou a medida enganosa. Isso sugere que a justiça econômica inclui não apenas a proteção dos direitos dos trabalhadores e dos pobres, mas também a integridade nas transações comerciais.

Entremeios, podemos perceber uma visão um tanto ambígua da pobreza e das desigualdades econômicas no Antigo Testamento. Por um lado, há muitos ensinamentos e leis que incentivam a caridade e a responsabilidade social em relação aos necessitados e que condenam a exploração dos pobres. Por outro lado, há também a ideia de que a pobreza é uma consequência do pecado ou da falta de esforço, e que a riqueza é um sinal de benção divina.

O livro de Provérbios, por exemplo, afirma que "O preguiçoso diz: 'Não há leão na rua; certamente morrerei na praça'. A boca dos tolos é a ruína deles; suas línguas são pegadas em sua destruição" (Provérbios 26:13-14). Esses versículos sugerem que a pobreza é resultado da falta de esforço ou da preguiça, e que o sucesso financeiro é consequência do trabalho duro e da sabedoria. Contudo, há outros textos no Antigo Testamento que reconhecem que a pobreza pode ser causada por uma série de fatores além do pecado ou da falta de esforço, incluindo injustiças sociais, desastres naturais e falta de trabalho.

Em resumo, o Antigo Testamento apresenta uma visão complexa e multifacetada da pobreza e das desigualdades econômicas, destacando a importância da caridade, da responsabilidade social, da justiça e da equidade na luta contra a pobreza. Também enfatiza a importância da compaixão e da misericórdia para com os necessitados e os pobres, e apresenta figuras bíblicas que servem como modelos de caridade e justiça.

Porém, ao mesmo tempo, é importante reconhecer que o sistema de tributação no Antigo Testamento também pode ter sido usado em alguns momentos de maneira opressora, especialmente por parte de líderes políticos e religiosos poderosos. Por exemplo, o livro de Jeremias critica os líderes que cobram impostos injustos e oprimem o povo (Jeremias 22:13). Além disso, o livro de Miquéias critica os líderes que cobram impostos abusivos e usam o dinheiro para suas próprias necessidades em vez de apoiar os necessitados (Miquéias 3:10). Isso sugere que, mesmo no Antigo Testamento, o sistema de tributação nem sempre foi justo e equitativo. Assim, embora haja passagens que destacam a importância da justiça e da equidade na distribuição de riqueza e na cobrança de impostos, também há evidências de uso opressor do poder econômico por parte de líderes políticos e religiosos.

Diante disso, é importante problematizar os aspectos econômicos do Antigo Testamento, reconhecendo que o poder econômico pode ser usado de maneira opressora e injusta e que a interpretação das leis e práticas econômicas pode ser influenciada por contextos históricos e culturais. Do mesmo modo, é importante considerar que a abordagem econômica no Antigo Testamento pode ter implicações profundas para as questões sociais e políticas atuais, e é preciso estar atento a essas questões para evitar a perpetuação de desigualdades e opressões; como desenvolveremos no item seguinte.

Em resumo, o Antigo Testamento oferece uma visão abrangente das práticas econômicas, leis, tributação e sistemas sociais que moldaram a antiga sociedade israelita. Desde a agricultura e comércio até as leis de justiça social, a economia no Antigo Testamento reflete uma preocupação com a sustentabilidade, a equidade e a proteção dos vulneráveis. Esses princípios econômicos formaram a base da vida comunitária e espiritual de Israel, influenciando profundamente a identidade e a fé de seu povo.

6.1. Aspectos econômicos do Antigo Testamento e do capitalismo

Outro dia estava eu no supermercado, depois de passar as mercadorias no leitor, a atendente me perguntou se o pagamento era no crédito ou no débito. No que respondi "é no **Deus** te pague". Ela riu, mas não aceitou. Retirei o **dinheiro** do bolso e fiz o pagamento. Então, depois fiquei pensando sobre a importância e as implicações de cada uma dessas duas formas de divindade nas nossas vidas; e na sociedade que criamos a partir delas.

6.1.1. Diferenças

A economia descrita no Antigo Testamento é baseada em sistemas agrícolas e comerciais simples, com ênfase em leis de justiça social e respeito à propriedade. O capitalismo, por outro lado, é uma economia de mercado baseada na livre iniciativa e na busca incessante pelo lucro. Busca que engendra um processo autossustentado de desigualdade econômica tido como uma característica comum inerente ao próprio sistema; no qual os trabalhadores assalariados são frequentemente explorados e sujeitos a condições de trabalho precárias. A classe média entra nesse jogo como uma "amortecedora" de tensões sociais. Ao almejar ascender economicamente e preservar sua posição social, ela geralmente se distancia das demandas mais radicais das classes trabalhadoras e das elites dominantes, ocupando um espaço de moderação que ajuda a manter o equilíbrio e a legitimidade do sistema capitalista. Ou seja, ela internaliza a ideologia capitalista de mérito, consumo e ascensão social como legítima e justa, mantendo assim suas estruturas de poder; através do que foi teorizado pelo filósofo Louis Althusser de Aparelhos Ideológicos do Estado, fundamentais para a reprodução e manutenção do sistema capitalista.

No Antigo Testamento, a terra e os recursos naturais eram vistos como um bem comum que pertencia a toda a comunidade e as leis protegiam os direitos dos agricultores e dos pobres a seu uso. Já, no capitalismo, a terra e os recursos são propriedade privada e podem ser comprados e vendidos livremente, resultando em concentração de riqueza e desigualdade, derivada da exploração e predação desenfreada da vida humana (trabalho social) e não humana (recursos naturais).

Além disso, no Antigo Testamento, era proibido aproveitar-se de situações de necessidade para lucrar, como a venda de alimentos em tempos de escassez. No capitalismo, porém, a lei da oferta e da procura prevalece e os preços aumentam em situações de escassez favorecendo os vendedores e prejudicando os compradores.

Outra diferença entre a economia do Antigo Testamento e do capitalismo está na abordagem dos contratos comerciais. No primeiro havia regras claras sobre como os contratos deveriam ser feitos e como resolver disputas. Por exemplo, era proibido cobrar juros excessivos dos pobres e havia medidas para proteger os mais vulneráveis em suas transações comerciais. Os juros excessivos eram vistos como uma forma de opressão aos pobres. Já no capitalismo, o mercado é regulado pela lei da oferta e da procura e os contratos são baseados na busca pelo lucro máximo, independentemente das consequências sociais e éticas.

No Antigo Testamento havia instituições como o Ano Sabático e o Ano do Jubileu que visavam preservar a igualdade econômica e a proteção dos mais pobres. Já, no capitalismo, não há mecanismos similares para redistribuir riqueza e corrigir desigualdades econômicas. Nesse contexto se faz importante destacar que a economia do Antigo Testamento era uma economia agrícola e comunitária, fortemente influenciada por valores éticos e morais, como a justiça, a compaixão e o cuidado com o próximo. Enquanto o capitalismo é uma economia baseada no mercado e na propriedade privada, onde a ética e a moral são considerados formas subjetivas e secundárias em relação ao lucro e à maximização de ganhos.

Outra diferença significativa é a questão da propriedade. No Antigo Testamento a propriedade era considerada um bem coletivo e as terras eram frequentemente redistribuídas para garantir a igualdade econômica. Já, no capitalismo, a propriedade é privada e as pessoas são livres para fazer o que quiserem com sua propriedade, incluindo explorar trabalhadores e a natureza. Destarte, é importante destacar que a economia do Antigo Testamento foi desenvolvida em um contexto social e histórico muito diferente do capitalismo, e por isso, é difícil comparar os dois sistemas diretamente. No entanto, é evidente que existem muitas diferenças fundamentais entre a economia do Antigo Testamento e a economia capitalista, e essas diferenças afetam profundamente a forma como essas duas formas de organização social foram organizadas e suas implicações nas vidas das pessoas.

Outra diferença importante é a forma como as pessoas são remuneradas pelo seu trabalho. No capitalismo, as pessoas geralmente são pagas com base em sua produtividade e no valor que agregam ao mercado. Já, no Antigo Testamento, as pessoas eram incentivadas a trabalhar com base em suas necessidades e capacidades e todos deviam ter acesso ao suficiente para atender às suas necessidades básicas, independentemente de sua produtividade.

O Antigo Testamento descreve a instituição da servidão como uma forma de resolução de dívidas, uma forma de punição por crimes ou, ainda, de proteção de pobres. Nos dois primeiros casos, por exemplo, alguns israelitas podiam ser vendidos como escravos, mas a servidão era limitada em duração, geralmente sete anos, e havia regras específicas para a tratamento dos escravos. A servidão era vista também como uma forma de proteger os pobres, já que eles eram permitidos a vender-se como escravos para pagar suas dívidas e ter alimento e abrigo garantidos. Para mais, as leis do Ano Sabático e do Jubileu eram leis que visavam garantir que a desigualdade econômica não se tornasse crônica. Essas leis entre outras também reforçavam valores éticos e morais, incentivando a compaixão, a honestidade e a equidade na economia.

Grosso modo, o Antigo Testamento apresenta uma abordagem das questões econômicas enfatizando a importância da justiça, da equidade e da caridade. Ao mesmo tempo ele também reconhece a importância da atividade econômica e incentiva uma economia saudável e produtiva, mas sempre com o objetivo de proteger os mais fracos e necessitados.

No capitalismo, pelo contrário, o trabalho assalariado constitui-se numa forma de exploração e opressão dos trabalhadores e na perpetuação da desigualdade e opressão econômica. O trabalho assalariado é uma forma de relação econômica baseada na exploração da força de trabalho. O trabalhador é obrigado a vender sua força de trabalho ao capitalista, que controla os meios de produção com o objetivo de obter lucro. A diferença entre o valor do trabalho produzido e o salário pago ao trabalhador é a fonte de lucro do capitalista. O trabalhador é visto como uma mercadoria, uma forma de produzir riqueza para o capitalista. A justiça econômica é vista como uma questão secundária, já que a prioridade é a acumulação de riqueza por meio da exploração do trabalho. O sistema capitalista é baseado na competição e na exploração e as leis econômicas são estruturadas para favorecer os mais ricos em detrimento dos mais pobres.

Em síntese, podemos enumerar as diferenças entre os aspectos econômicos do Antigo Testamento e do capitalismo da seguinte forma:

1) **Propriedade**. No Antigo Testamento, a propriedade era vista como um dom de Deus e era regulada por leis justas e equitativas. Há muitos mandamentos que orientam sobre a proteção de propriedades, incluindo a proibição de roubo e a proteção dos direitos de propriedade dos estrangeiros. Já, na economia capitalista, a propriedade é vista como um direito individual e a acumulação de riqueza é incentivada descontroladamente.

2) **Mercado**. No Antigo Testamento, o comércio era regulado por leis justas e equitativas, como a proibição de exploração dos pobres e a obrigação de tratar os estrangeiros com justiça. Já, na economia capitalista, o mercado é regido pela mão invisível e pela competição, levando necessariamente à exploração do trabalho social.

3) **Desigualdade**. No Antigo Testamento havia uma preocupação com a desigualdade econômica, com a obrigação de leis justas para proteger os mais pobres e fracos. Já, na economia capitalista, a desigualdade é vista como resultado natural da competição e do livre mercado.

4) **Responsabilidade social**. No Antigo Testamento, havia uma responsabilidade social para com aqueles mais necessitados, como os órfãos, viúvas e estrangeiros. O Antigo Testamento enfatiza a importância da simplicidade e da humildade, encorajando as pessoas a evitarem a ostentação e o materialismo excessivo. Ao mesmo tempo, ele também reconhece a importância da riqueza e da prosperidade, mas sempre com o objetivo de proteger os mais fracos e necessitados. O Antigo Testamento inclusive enfatiza a importância da cooperação e da solidariedade em todas as áreas da sociedade, incluindo a economia. Há muitos ensinamentos que encorajam as pessoas a trabalhar juntas e a apoiarem uns aos outros, e muitos exemplos de comunidades que foram bem-sucedidas devido à colaboração e à unidade. Já, na economia capitalista, a responsabilidade social é deixada a cargo das empresas e dos indivíduos e não é obrigatória.

É possível observar ainda que as concepções de servidão e escravidão presentes no Antigo Testamento diferem significativamente da economia capitalista. A escravidão/servidão no primeiro é centrada em concepções de justiça econômica e proteção dos direitos dos pobres e dos escravos, enquanto no capitalismo é centrada na acumulação de riqueza (capital) derivada de precárias condições de trabalho e de vida. Muito embora concordemos que qualquer forma de escravidão e servidão sejam formas de relações sociais socialmente reprováveis e incompatíveis com os ideais de liberdade, igualdade e justiça social.

Cabe destacar por fim que as implicações da economia capitalista para a justiça social e econômica têm sido amplamente debatidas e criticadas por economistas, filósofos e ativistas desde a Revolução Industrial Inglesa (1760-1840). Esta revolução teve profundas consequências sociais, como a migração em massa do campo para as cidades, o surgimento da classe operária, e um aumento significativo das desigualdades sociais. Ao mesmo tempo, ela foi fundamental para a consolidação do capitalismo e para a ascensão da Inglaterra como uma potência econômica mundial.

6.1.2. Semelhanças

A economia do Antigo Testamento e a economia capitalista têm algumas semelhanças. Algumas delas incluem a valorização do comércio e da propriedade privada. Na economia do Antigo Testamento a propriedade privada era vista como uma bênção divina e era importante para a proteção dos indivíduos e suas famílias. De maneira semelhante, a economia capitalista valoriza a propriedade privada como uma forma de proteger os direitos individuais e incentivar o empreendedorismo. As semelhanças incluem também a ideia de que a propriedade é um direito fundamental e que as pessoas devem ser livres para adquirir, vender e trocar bens e recursos. No entanto, as semelhanças entre as duas formas de propriedade e a distribuição de riqueza delas derivadas terminam aqui. Pois, no Antigo Testamento, a propriedade era vista como uma forma de assegurar a sobrevivência da família e da comunidade e havia proteções em vigor para impedir a acumulação excessiva de riqueza por parte de indivíduos ou famílias. Já, no capitalismo, a propriedade é amplamente vista como um mecanismo para aumentar a riqueza individual e o lucro empresarial, o que resulta inelutavelmente em desigualdades sociais e econômicas significativas. Ou seja, a propriedade privada capitalista, na qual os recursos e meios de produção são controlados por indivíduos ou empresas para obter lucro, promove uma sociedade eivada de injustiças e desigualdades. Porque a propriedade privada capitalista impede a distribuição equitativa da riqueza, concentrando-a nas mãos de poucos. Isso leva a uma enorme desigualdade de renda, onde a classe mais rica acumula a maior parte da riqueza, enquanto a classe mais pobre luta para sobreviver. Sendo a propriedade privada capitalista uma fonte de muitas desigualdades e injustiças, se faz importante e urgente que sejam consideradas **alternativas mais equitativas e**

sustentáveis que possam promover uma sociedade mais justa e inclusiva para todos.

7. A crítica de Lukács

Nas primeiras páginas do Antigo Testamento, encontramos uma das imagens mais poderosas da tradição ocidental: um Deus que cria o mundo em sete dias. Ele separa a luz das trevas, organiza as águas, molda o homem do barro e, ao final, descansa. Essa narrativa soa como revelação divina, mas György Lukács, filósofo húngaro do século XX, propõe outro olhar: e se essa cena não falasse tanto sobre Deus, mas sobre nós mesmos?

Em Para uma ontologia do ser social, Lukács afirma que "[...] todas as formas idealísticas ou religiosas de teleologia natural, nas quais a natureza é criação de Deus, são projeções metafísicas desse único modelo real", o modelo humano. É como se dissesse: os homens não inventaram a ideia de um Deus criador a partir do nada. Eles apenas elevaram à condição de mito aquilo que já conheciam profundamente, o ato de trabalhar. Criar o mundo, revisar o que foi feito, descansar ao fim da jornada: esse roteiro não é celestial, é humano.

A força dessa leitura está em inverter a lógica comum. O que parece uma revelação transcendente, na verdade, é um espelho da vida cotidiana. O mito da criação, assim, não revela tanto um mistério sagrado, mas traduz em linguagem religiosa a experiência terrena do trabalho. Mesmo a imagem de Deus que "vai descansar" depois de criar tudo não seria senão uma metáfora de algo muito prosaico, representando a fadiga e o repouso do trabalhador.

Só que esse deslocamento tem consequências. Ao projetar no divino a sua própria criatividade, o ser humano passa a se enxergar como criatura passiva. Em vez de compreender-se como sujeito que constrói e transforma a realidade, passa a acreditar que sua vida só tem sentido quando submetida a uma ordem exterior. O trabalho deixa de ser expressão de liberdade e se torna serviço a um poder maior. Qualquer ato de autonomia corre o risco de ser interpretado como desafio, pecado, transgressão.

É aqui que Lukács enxerga o núcleo alienante da religião: ela afasta o homem de si mesmo. O Antigo Testamento — assim como tantas tradições religiosas antigas — não surgiu no vazio. Ele reflete sociedades marcadas por hierarquias rígidas, pela escravidão e pela desigualdade. A lei divina aparece como absoluta, mas, na prática, legitima formas muito concretas de dominação. Submissão a Deus e obediência aos senhores tornam-se duas faces da mesma moeda.

No entanto, Lukács não reduz a questão à denúncia. Ele vai além. Seu interesse não é simplesmente condenar a religião, mas mostrar como ela participa de um processo histórico maior: a tendência de a humanidade projetar para fora aquilo que lhe pertence por direito. Quando o homem imagina que só Deus pode criar, esquece-se de que é a própria humanidade que, através do trabalho, da cooperação e da vida em comum, dá forma ao mundo.

Essa reflexão se liga ao coração do seu pensamento, representada na crítica à alienação. Em História e Consciência de Classe, Lukács insiste que só uma consciência de classe desperta é capaz de romper esse véu — seja ele religioso, político ou econômico — que encobre o poder criador dos homens. Se na Antiguidade esse véu era tecido por mitos e leis divinas, no capitalismo moderno ele assume outra roupagem. O capital aparece como uma força quase natural, inevitável, diante da qual resta apenas obedecer.

A crítica de Lukács, então, não é apenas à religião do passado, mas a todas as formas de pensamento que retiram do ser humano a autoria de sua própria história. A religião, o capital, a ideologia, funcionam como espelhos distorcidos, que nos fazem esquecer que a verdadeira fonte de criação está em nós mesmos.

Talvez seja esse o ponto mais provocador da leitura de Lukács. A Bíblia, lida por séculos como fonte de submissão e reverência, pode ser também uma pista de autoconhecimento. O Deus que cria e descansa não é apenas um ser distante e absoluto, mas o reflexo de cada trabalhador, de cada artesão, de cada lavrador que molda o mundo com suas mãos e sua inteligência. O mito guarda, escondido, o testemunho da potência humana.

Resgatar essa dimensão é, para Lukács, um gesto político. É lembrar que não somos apenas criaturas que cumprem ordens vindas do alto, sejam elas divinas ou mercantis, mas sujeitos capazes de criar, resistir e transformar. O verdadeiro milagre, afinal, não está nos céus, mas reside na capacidade humana de dar forma ao mundo, mesmo em meio às contradições, às lutas e às dores da vida social.

8. Notas finais

Algumas passagens do Antigo Testamento são frequentemente criticadas por sua suposta defesa da violência, da opressão e da desumanidade. Por exemplo, há relatos de guerras sangrentas, escravidão, punição severa para certos comportamentos considerados pecaminosos e a discriminação de mulheres, estrangeiros e outros grupos marginalizados.

Essas passagens são problemáticas porque aparentemente justificam a violência e a opressão, e negam a dignidade e os direitos humanos a certos grupos, com implicações negativas para a sociedade, ao perpetuar a discriminação e a exclusão. Além disso, podem ser utilizadas para justificar comportamentos violentos e opressivos ou para negar direitos e liberdades a determinados grupos.

Em Êxodo, 32:27-28, por exemplo, pode-se ler "Então disse Moisés: Assim diz o Senhor, Deus de Israel: cada um de vós ponha a mão sobre a sua espada; e andareis pelo acampamento, de um a outro, e matareis cada um a seu irmão, e a seu amigo, e a seu parente." Em Números, 31:17-18, assim está escrito "Mataram a todos os varões de guerra entre os que habitavam naquele país, mas deixaram a vida às mulheres e aos pequeninos." Já, em Deuteronômio, 20:10-16, "E, chegando vós perto de uma cidade para combater contra ela, oferece-lhe a paz. E, se ela responder a paz, e abrir-vos as suas portas, todo o povo que nela se achar será posto a trabalhos forçados, e servir-vos-á." Também, em Josué, 6:21, ficamos chocados ao ler que "mataram a todos os habitantes da cidade, com as espadas, a homens, mulheres, velhos e moços, bezerros e ovelhas e jumentos."

Essas passagens apresentam um retrato de violência, opressão e crueldade, o que pode ser visto como uma forma de desumanidade. Apesar do contexto histórico e cultural é importante reconhecer e condenar qualquer forma de violência, opressão e desumanidade, seja ela retratada em livros sagrados ou em outros contextos.

Adicionamos mais alguns exemplos de passagens do Antigo Testamento que retratam discriminação e opressão:

1) Levítico 25:44-46 – "Vossos servos e vossas servas, que vós tiverdes, serão da nação estrangeira; dos que estão ao vosso redor os comprareis, e dos seus filhos que tiverem nascido no vosso país, e vos serão por propriedade." Levítico 20:13 – "Se alguém homem se deitar com homem, como se deita com mulher, ambos fizeram coisa abominável; certamente morrerão; o seu sangue sobre eles." Levítico 19:33-34 – "Se alguém peregrinar entre vós da nação estrangeira, e quiser

celebrar a Páscoa do Senhor, circuncidai primeiro o seu coração, e então a celebrará como hóspede. Assim farão todos os vossos filhos, e todos os estrangeiros que peregrinarem entre vós."

2) Deuteronômio 22:20-21 – "Se a mulher for desonrada, e não haja testemunha contra ela, mas for apanhada na própria maldade, então, conduzir-lhe-eis à porta da casa de seu pai, e apedrejá-la-ão os homens da sua cidade com pedras, e morrerá, porquanto fez vileza na Israel; assim eliminarás o mal do meio de vós." Deuteronômio 23:1-3 – "Não entrará na assembleia do Senhor, nem a um seu ofício, nem a um seu cargo, nem a um seu sacerdócio, qualquer homem com deformidade na sua mão, nem pé coxo, nem qualquer coisa detestável. O amonita e o moabita não entrarão na assembleia do Senhor, nem a um seu ofício, nem a um seu cargo, nem a um seu sacerdócio, para sempre."

3) Êxodo 21:7-11 – "Se alguém vendeu sua filha como serva, ela não sairá como os homens servos saem."

4) Gênesis 34:13-29 – A história de Diná é uma narrativa de violência sexual e discriminação contra as mulheres.

Essas passagens apresentam um retrato de escravidão de mulheres, discriminação de estrangeiros e pessoas com deficiência, e violência sexual, que pode ser visto como formas de opressão e desumanidade.

No Antigo Testamento também há vários exemplos de pessoas que foram punidas por seu comportamento desonesto na arena econômica:

1) Achan – em Josué 7, Achan é descrito como tendo roubado objetos sagrados da conquista de Jericó, o que causou a ira de Deus e a derrota dos israelitas em uma batalha subsequente.

2) Ananias e Safira – em Atos 5, Ananias e Safira são descritos como tendo vendido propriedades e mentido sobre o montante obtido, o que resultou em sua morte imediata.

3) Balaão – em Números 22-24, Balaão é descrito como tendo aceitado suborno para amaldiçoar Israel, o que resultou em sua morte na mão de Moisés.

Estes exemplos mostram que o Antigo Testamento condena fortemente a desonestidade e a fraude nas transações comerciais e que aqueles que agem de maneira inadequada enfrentarão consequências graves. Todavia, o que queremos demonstrar a partir do contraste entre atos desumanos e/ou desonestos, de forma geral, e punições através de leis ou outros meios, é que esse é um balanço que não fecha. Nenhuma sociedade pode apresentar níveis elevados e equilibrados de justiça, equidade e liberdade enquanto os atos humanos forem justificados por "potências transcendentes". No Antigo Testamento, Deus, como na crítica de Lukács e, no capitalismo, **o capital**, conforme Karl Marx, autor de uma obra seminal sobre o capitalismo do século XIX intitulado "O capital: crítica da economia política".

O Antigo Testamento ensina que Deus é o único juiz e que o mal será punido em sua devida hora. Nele o mal é resultado da escolha humana de desobedecer a

Deus e agir contra sua vontade. A desobediência é vista como uma quebra da harmonia e do equilíbrio que Deus estabeleceu no mundo. Isso leva à corrupção moral e à desordem social, como a opressão dos pobres, a injustiça e a exploração. Outra fonte do mal está relacionada a prática da idolatria que é vista como uma quebra da aliança com Deus, já que a adoração de outros deuses é vista como uma forma de traição e descrença. Por último, existe também o mal originado de um espírito maligno vindo do Senhor, como descrito no livro de I Samuel, capítulo 16: "E o Espírito do Senhor se retirou de Saul, e atormentava-o um espírito mau da parte do Senhor."

No Antigo Testamento há relatos de crimes e atrocidades cometidos em nome de Deus ou em nome da sua religião. A conquista da Terra Prometida pelos Israelitas, por exemplo, é descrita como um ato de guerra ordenado por Deus. Embora seja vista como uma vitória para o povo de Deus, também há relatos de massacres e destruição de cidades e nações inimigas. Outro exemplo refere-se a guerra santa, guerra que é ordenada por Deus contra nações inimigas e povos idólatras. Embora seja justificada como uma defesa da fé e do povo de Deus, também há relatos de atrocidades cometidas contra os inimigos, incluindo o massacre de mulheres e crianças. Algumas punições divinas, como o dilúvio e a destruição de cidades, são descritas como respostas ao pecado e à desobediência. Embora essas punições também sejam justificadas como ações divinas para restaurar a ordem e a justiça, elas estão repletas de mortes e destruição em massa.

Segundo Karl Marx, a sociedade capitalista é marcada por uma inversão radical. Aquilo que deveria ser apenas um meio — o dinheiro — transforma-se em fim supremo da vida social. O capital, que nada mais é do que uma relação entre indivíduos mediada por coisas, adquire a aparência de uma força independente, quase divina. Não é por acaso que Marx compara o capital a um "deus", pois que ele governa as relações sociais, regula a produção e define até mesmo os limites do possível.

Essa divinização do capital é inseparável do fetichismo da mercadoria. No capitalismo, tudo o que é necessário à vida (da alimentação ao cuidado, da moradia à própria força de trabalho humana), aparece sob a forma de mercadoria. Os produtos do trabalho parecem ter valor em si mesmos, como se fossem dotados de uma essência misteriosa, quando na verdade escondem por trás de si as relações sociais de exploração. O capital aparece como fonte autônoma de riqueza, quando, na realidade, é fruto da apropriação do trabalho de muitos por poucos. É essa inversão, ou seja, essa aparência que encobre a essência, que Marx chama de fetiche.

Mas, o fetichismo não é apenas uma ilusão psicológica. Ele é real, material. Na prática, o capital de fato se movimenta, se acumula, se expande, e os próprios capitalistas se tornam servos de sua lógica. Como escreve Marx, o capital é valor que se valoriza, um processo que precisa continuamente explorar o trabalho vivo para manter-se em movimento. É nessa engrenagem que o trabalhador assalariado se torna peça de um mecanismo maior, condenado a vender sua força de trabalho para sobreviver. A sociedade se divide, assim, entre aqueles que detêm os meios de produção e aqueles que possuem apenas sua capacidade de trabalhar; em uma divisão que reproduz indefinidamente a desigualdade.

Para Marx, a emancipação humana exige romper com esse círculo vicioso. Não se trata de uma utopia idealista, mas de uma necessidade histórica. Enquanto a maioria da população for explorada por uma minoria, não haverá liberdade verdadeira. A superação do capitalismo — e também das formas autoritárias de socialismo que o sucederam — significa abrir espaço para uma nova forma de vida social, na qual a propriedade dos meios de produção seja coletiva e o trabalho se torne, não mais um fardo ou uma obrigação, mas uma atividade livre, capaz de desenvolver as potencialidades humanas.

Aqui entra Lukács. Retomando Marx, ele insiste que o ser social não é uma essência abstrata, mas o resultado da atividade prática do homem em sociedade. Somos o que fazemos, e nos transformamos ao transformar o mundo. Não existe compreensão do humano fora de sua realidade social. Por isso, emancipar-se não é apenas uma questão de mudar ideias ou leis; é uma transformação concreta da base material da vida social. Sem alterar as condições históricas em que os seres humanos vivem, não há como libertá-los da alienação.

No entanto, a experiência histórica mostrou que nem o capitalismo nem os socialismos do século XX realizaram esse horizonte. Ambos se apoiaram, cada um à sua maneira, em formas de dominação que tratavam a maioria como massa submissa, seja ao poder discricionário do mercado, seja ao poder centralizado do Estado. Em vez de uma sociedade fundada no ser social como fim em si mesmo, manteve-se a lógica da sobrevivência dos mais aptos, reproduzindo hierarquias que lembram mais a luta pela vida da natureza selvagem do que uma comunidade humana emancipada.

O desafio se torna ainda mais urgente diante das transformações da revolução tecnológica e informacional. Computação, automação, inteligência artificial, biotecnologia, robótica, internet das coisas: todas essas conquistas poderiam liberar tempo, ampliar a cooperação e favorecer o desenvolvimento humano. Mas, sob a lógica do capital, elas são convertidas em novos instrumentos de acumulação e controle. O risco é que a humanidade se torne cada vez mais descartável para o próprio sistema que criou, aproximando-se de uma autodestruição civilizatória.

Resta a pergunta: será que essas novas inteligências, como por exemplo a inteligência artificial e o aprendizado de máquina, podem nos ajudar a elevar a consciência a um novo patamar? Ou repetiremos o mesmo padrão, permanecendo "humano, demasiado humano", como diria Nietzsche, presos a instintos de dominação, competição e busca por valores transcendentes que justificam a exploração?

Para Marx, a resposta não está em esperar uma salvação externa, seja ela divina, tecnológica ou estatal. A emancipação humana é uma tarefa histórica, teórica e prática, que exige que os indivíduos reconheçam em si mesmos a medida de sua vida em comum. É uma condição de liberdade real, de equidade social e econômica, de cooperação. Não um ideal distante, mas uma necessidade para a própria continuidade da vida humana no planeta.

Glossário de Termos Econômicos no Antigo Testamento

1. Acampamento (Mahanaim)
Refere-se ao local onde os israelitas se reuniam e habitavam temporariamente durante sua jornada no deserto (Números 33). O acampamento era também o centro da vida comunitária e da distribuição de recursos, como alimentos e animais.

2. Aliança
A "aliança" é um acordo formal entre Deus e o povo de Israel, frequentemente associada a promessas de bênçãos econômicas e prosperidade em troca da obediência às leis divinas (Deuteronômio 28:1-14). Ela também envolvia aspectos de redistribuição de riqueza e justiça social.

3. Anátema
Algo separado ou consagrado a Deus, geralmente relacionado à destruição total de bens ou recursos dedicados a Deus. Era comum em contextos de guerra, onde despojos eram declarados como "anátema" e deviam ser destruídos, não podendo ser usados pelos vencedores (Josué 6:17-18).

4. Anuidades (ou dízimo)

O dízimo era uma prática central na vida econômica de Israel, onde 10% da produção agrícola e dos bens eram consagradas ao sustento dos sacerdotes e levitas, além de ser usado em festivais religiosos (Levítico 27:30-33; Números 18:21-24). Funcionava como uma forma de redistribuição de recursos entre as classes da sociedade.

5. Balança e Pesos

A balança e os pesos representavam a justiça nos negócios e nas transações comerciais. A exigência de balanças justas é mencionada repetidamente (Levítico 19:35-36; Provérbios 11:1), simbolizando a importância da honestidade nas trocas e vendas.

6. Barro

Material usado na construção de casas e outras estruturas, especialmente em contextos de pobreza, já que o barro era um recurso acessível. A dependência de recursos como o barro destaca as diferenças econômicas entre classes (Isaías 41:25; Jó 4:19).

7. Campo

A terra agrícola era a base da economia israelita. O campo era essencial para a subsistência, e as leis relacionadas à colheita, descanso do solo e proteção dos direitos dos pobres (como a Lei do Ano Sabático e do Jubileu) garantiam o uso sustentável dos recursos naturais (Levítico 25:1-7; 25:23-28).

8. Celeiro
Local de armazenamento de grãos e outros produtos agrícolas. A construção e manutenção de celeiros indicavam a necessidade de planejamento econômico e proteção contra períodos de escassez (Provérbios 3:9-10; Lucas 12:18).

9. Colheita
Refere-se tanto ao processo de colher alimentos como ao produto final em si. A colheita era central para a subsistência e prosperidade, e muitas leis religiosas visavam garantir a redistribuição justa, permitindo que os pobres colhessem as sobras (Rute 2:2-3; Levítico 19:9-10).

10. Comércio
O comércio entre as nações e entre diferentes tribos de Israel desempenhava um papel significativo na economia do Antigo Testamento. Desde o comércio de especiarias, tecidos e metais preciosos até a troca de produtos agrícolas, a economia dependia dessas relações (Ezequiel 27:12-24).

11. Denário
Embora o termo "denário" seja mais comumente encontrado no Novo Testamento, suas raízes no Antigo

Testamento podem ser associadas ao uso de moedas e prata como formas de transação em culturas antigas (Por exemplo, em Gênesis 23, onde Abraão compra uma sepultura para Sara por 400 siclos de prata).

12. Dívida
A dívida era um fenômeno comum, especialmente em tempos de escassez e crises econômicas. O Antigo Testamento regula práticas de empréstimos e perdão de dívidas, como na Lei do Jubileu, que ordenava o cancelamento de todas as dívidas a cada 50 anos (Levítico 25:10-13).

13. Escravidão por Dívida
A escravidão por dívida era uma prática comum, em que uma pessoa que não podia pagar suas dívidas se vendia como escravo para trabalhar e saldar o que devia. O Antigo Testamento, no entanto, impõe limites sobre essa prática, como a libertação dos escravos no sétimo ano (Êxodo 21:2; Deuteronômio 15:12-15).

14. Escravo/Serviço Forçado
A servidão, seja voluntária ou imposta, era uma forma de pagamento de dívidas ou castigo. Diferente da escravidão moderna, o Antigo Testamento oferece leis que protegem os escravos israelitas, incluindo o mandamento de libertá-los no sétimo ano (Êxodo 21:2-6; Deuteronômio 15:12-15).

15. Faraó
O título dado aos reis do Egito. Embora o termo se refira a um líder político, o faraó também era visto como o administrador de recursos, responsável pela economia de seu reino, como na história de José (Gênesis 41:41-49).

16. Fertilidade
Um tema recorrente ligado à terra, ao gado e à população humana. A fertilidade da terra e dos animais era vista como uma bênção econômica de Deus, e a infertilidade era considerada uma maldição (Deuteronômio 28:4; Gênesis 1:28).

17. Fornecedor de Grãos (Faraó, José)
A história de José no Egito ilustra a função do estado como administrador de recursos em tempos de crise. Sob a liderança de José, o Egito estocou alimentos durante sete anos de fartura para evitar a fome durante os sete anos de escassez (Gênesis 41:46-57).

18. Gado e Rebanho
A posse de rebanhos de gado, ovelhas e cabras representava um dos principais recursos econômicos do antigo Israel. O gado era um símbolo de riqueza (Jó 1:3) e também de muitos rituais religiosos (Levítico 1:2-5).

19. Gezel (Roubo)

Roubo e fraude econômica eram condenados nas leis mosaicas. "Não furtarás" é um dos Dez Mandamentos (Êxodo 20:15), e leis mais detalhadas tratam da restituição do que foi tomado ilegalmente (Êxodo 22:1-4).

20. Ger (Estrangeiro/Imigrante)
A economia do Antigo Testamento inclui provisões para o tratamento justo dos estrangeiros, que frequentemente eram economicamente vulneráveis. Leis garantiam que estrangeiros tivessem direito a parte das colheitas e fossem tratados com dignidade (Levítico 19:33-34).

21. Grão e Colheitas
A agricultura, com foco na produção de grãos como trigo e cevada, era a principal atividade econômica. As leis de colheita determinavam que os cantos dos campos fossem deixados para os pobres, os órfãos e as viúvas (Levítico 19:9-10).

22. Hegemonia Econômica
Durante o período de Salomão, Israel exerceu hegemonia econômica sobre a região, controlando rotas comerciais e acumulando riquezas através de impostos e comércio exterior (1 Reis 10:14-29).

23. Herança
O conceito de herança no Antigo Testamento está diretamente ligado à terra e ao direito familiar sobre ela. A terra era dividida entre as tribos de Israel e passada de

geração em geração. Leis específicas garantiam a continuidade da propriedade familiar, como o caso das filhas de Zelofeade (Números 27:1-11).

24. Imposto
O imposto era pago ao rei ou ao governante como uma forma de tributo, especialmente sob o regime monárquico. Salomão, por exemplo, impôs pesados impostos sobre o povo para construir o templo e outros projetos (1 Reis 4:7; 1 Reis 9:15).

25. Imposto de Tributo (Massa)
Os impostos eram cobrados tanto internamente quanto de nações subjugadas, como uma fonte de receita para o governo. Esses tributos podiam ser pagos em forma de produtos agrícolas, metais preciosos ou trabalho forçado (2 Reis 15:19-20).

26. Indústria de Metalurgia
A produção de metais, especialmente o bronze e o ferro, foi central na economia do antigo Israel e suas nações vizinhas. Metais eram usados para fabricar ferramentas, armas e itens de comércio (1 Reis 7:45-46).

27. Juros (Ribbit)
O Antigo Testamento proíbe a cobrança de juros sobre empréstimos feitos a outros israelitas, especialmente aos pobres (Êxodo 22:25; Levítico 25:36-37). A prática de

cobrar juros era vista como opressora e injusta, mas permitida em relação a estrangeiros.

28. Jubileu (Ano do Jubileu)
Um evento a cada 50 anos no qual a terra retornava aos proprietários originais e os escravos eram libertos, conforme ordenado por Deus. O objetivo era evitar a concentração de riqueza e garantir a justiça social e econômica (Levítico 25:8-17).

29. Leis de Restituição
As leis de restituição exigiam que qualquer pessoa que causasse perda ou dano a outrem, seja por roubo ou negligência, compensasse a vítima, muitas vezes devolvendo mais do que havia sido perdido (Êxodo 22:1-14).

30. Mercenários
Soldados pagos por outros estados ou reis, frequentemente contratados para proteger ou expandir os interesses econômicos de uma nação. A contratação de mercenários era uma prática comum para proteger fronteiras ou garantir recursos valiosos (2 Samuel 10:6-8).

31. Misericórdia
A prática da misericórdia inclui ações de caridade, como cuidar dos pobres, estrangeiros, órfãos e viúvas. Essas ações, incentivadas por Deus, incluíam a partilha de

alimentos e outros bens essenciais (Provérbios 19:17; Deuteronômio 24:19-21).

32. Moeda
Embora a maior parte das transações econômicas no Antigo Testamento fosse baseada na troca de mercadorias, o uso de moedas de prata, como o siclo, é documentado. As moedas começaram a aparecer mais regularmente nos relatos bíblicos após o período exílico (Esdras 2:69).

33. Pão
O pão era o principal alimento e símbolo de sustento econômico no Antigo Testamento. Ele era feito a partir de grãos como trigo e cevada, que também eram usados como formas de pagamento (Ezequiel 4:16).

34. Pobreza
A pobreza era uma condição reconhecida no Antigo Testamento, com diversas leis e provisões destinadas a proteger os pobres. Entre essas leis, estavam o dízimo e as colheitas deixadas intencionalmente nos campos para os necessitados (Deuteronômio 15:11).

35. Resgate (Goel)
O "goel" é o parente mais próximo que tinha o dever de resgatar um parente em necessidade, incluindo a compra de terras perdidas por dívidas ou a libertação de um

parente que havia se vendido como escravo (Levítico 25:25-28; Rute 4:1-10).

36. Riqueza
Riqueza no Antigo Testamento era frequentemente vista como uma bênção de Deus, mas com a advertência de que deveria ser usada para beneficiar os outros e glorificar a Deus. A riqueza acumulada de forma injusta ou sem gratidão era severamente condenada (Provérbios 10:22; Eclesiastes 5:10-12).

37. Roubo (Gezel)
O roubo, ou apropriação indevida de bens, era estritamente proibido pelas leis de Israel. A lei mosaica exigia que o ladrão devolvesse o que havia roubado e pagasse uma compensação adicional (Êxodo 22:1-4).

38. Salário
O pagamento pelos serviços prestados, frequentemente mencionado em termos de justiça. O Antigo Testamento instrui que os salários dos trabalhadores devem ser pagos pontualmente, sem atraso, como sinal de justiça social (Levítico 19:13; Deuteronômio 24:15).

39. Selo
Um selo era usado para autenticar documentos e contratos. O uso de selos em transações econômicas, como contratos de terra ou transações comerciais,

simbolizava o poder e a autoridade nas economias antigas (Jeremias 32:10-14).

40. Trabalho
O trabalho era visto tanto como uma bênção quanto como um dever. Desde o mandamento no Éden de cultivar e cuidar da terra (Gênesis 2:15) até as leis que regulam os direitos dos trabalhadores (Deuteronômio 24:14-15), o trabalho era essencial para a economia de Israel.

41. Templo
O templo de Jerusalém era não só um centro religioso, mas também um local de coleta e distribuição de riqueza. O sistema sacrificial envolvia a oferta de animais, grãos e outros produtos agrícolas, e os tesouros do templo serviam como reservas econômicas (1 Reis 7:51).

42. Terra
A terra era o principal recurso econômico e símbolo de promessa e bênção divina. A distribuição de terras entre as tribos de Israel e as leis relacionadas à sua preservação, como o Ano Sabático e o Jubileu, destacam a importância da terra na economia e na justiça social (Levítico 25).

43. Usura
Além da proibição da cobrança de juros excessivos, a usura também se referia ao abuso econômico por aqueles

em posição de poder, explorando os vulneráveis. Leis contra a usura visavam garantir a justiça econômica entre os israelitas (Deuteronômio 23:19-20).

44. Vinha

A vinha era uma importante fonte de alimento e bebida, além de ser um símbolo de prosperidade e segurança econômica. Ter uma vinha e o direito de cultivá-la era sinal de *status* e estabilidade econômica (Isaías 5:1-7; 1 Reis 21:1-16).

www.ingramcontent.com/pod-product-compliance
Lightning Source LLC
Chambersburg PA
CBHW020446220526
45464CB00002B/885